その癖、嫌われます

GS
幻冬舎新書
257

はじめに

新明解国語辞典では、癖を次のように定義している。

「その人がいつもそうする習慣的動作や、行動の個人的な傾向（のうちで、好ましくないと受け取られるもの）」

「好ましくない」ものと限定しているのである。

読者の中には、ここで「ドキッ」とした人もいるのではないか。

誰かから、「○○さんって、〜する癖があるよね」といわれた記憶があるとしたら、それをいった相手は、その癖を好ましく思っておらず、できればやめてほしいと思っているのである。

第三者が好ましいと感じる癖もなきにしもあらずだが、かなりの例外だ。

知人の職場に、会社に着くなり、「はぁ〜」と大きなため息をつく部長がいるという。もちろん朝だけでなく、会議が終わって席についても、「はぁ〜」。携帯電話で家族らしき人と話した後も、「はぁ〜」。ある部下が何かを上司に報告した後も、「はぁ〜」。

仕事の区切り区切りで、ため息をつくのが癖になっているのである。

おそらく、本人に悪気はない。自分が頻繁《ひんぱん》にため息をついているなど、夢にも思わないだろう。だからこそ、やっかいなのである。

部長のため息により、日に何度もモチベーションを下げられている部下たちは、その癖を指摘できるはずもない。

集中して仕事をしているときに、横から「はぁ〜」と聞こえてくると、集中力がそこで途切れることもある。聞かされた方はモチベーションが下がるだけでなく、仕事上の実害も被《こうむ》っていることになる。

ため息を頻繁につく人は、基本的に仕事ができない。部下たちは心の中でこうつぶやく。「あの部長、上におべっかを使う以外はたいした仕事もしてないくせに、ため息だけは一人前だ」、と。当然、部下の心は、日増しに離れていく。

私は演出家として長い間、役者の癖と格闘してきた。

したがって、本書は、私の劇作家・演出家としてのフィールド・ワークともいえる。

癖は無意識にやっているから、誰かからいわれなければ直すことはできない。

しかし、いいにくいことだから誰からも指摘されず、当人は無自覚のうちに嫌われていくのである。

もちろん、嫌われるのは仕事の上だけではない。

たとえば初めてのデートで、服装をばっちりきめ、靴や靴下にまでおしゃれをしても、無自覚の癖が一瞬ですべてを台無しにしてしまうことがある。

くどいようだが、本人が気づいていないのが〝癖〟なのである。自分ではデートは成功したと思っていても、彼女が嫌がる癖を無意識に披露している可能性はあるのだ。

結果、「なぜ、あの日を境に彼女と連絡が取れなくなったんだろう……」。何か気に障《さわ》るようなことをいったっけ？」となるのがオチである。相手が教えてくれないのだから、真相は闇の中となる。

そういう方々への一助となれば、著者としてこの上ない喜びである。

その癖、嫌われます／目次

イラスト　坂木浩子

第1章 癖とは何か

癖の根っこにはストレスがある

私は、基本的には癖は、ストレスから生まれる行動だと考えている。

「なくて七癖」といわれるが、まず考えられるのは、「動き」に関する癖である。

「なめる」「かく」「つまむ」「ゆする」「こする」「はじる」「つねる」「組む」「さする」「つつく」「叩く」「いじる」「かむ」「裂く」……。


こうして、言葉を並べているだけでも落ち着かなくなってくる。

根っこにはストレスがあるだろうことが何となく感じられる言葉たちである。

癖はストレスの変化形だと思われる。「それをやると気持ちがよい」という行為が、だんだん癖になっていく。


授業中に枝毛を抜いている女子学生がいる。枝毛を一本一本抜いて、すべての毛が枝毛なしのまっすぐになる状態が彼女の快感なのだろう。

だが、そのためには毛を抜く際の痛みもともなう。毛を抜く痛みが、それ自体、傷んでいない髪ばかりになっていく快感とセットになっているともいえる。

本人にマゾヒスティックな傾向がある場合、毛髪を抜くときの、チクッとした痛みが快感をともなうとも考えてよい。

とはいうものの、たとえば受けている授業が興味のあるもので、学ぶことが楽しくて仕方がないという状態だったら、彼女も枝毛を抜く手を休めるだろう。

つまるところ、あまり楽しくない状態で、ずっとそこに座っていなくてはならないストレスに耐えているのである。

癖は「ストレスから逃れて安心感を得る」ための道具であるともいえる。

心の支え欲しさに癖が誕生する

癖は大きな枠でくくると、「安心感」ということもできるが、それをいくつかに分けてもよいと考えている。

ストレスが大きいとき、私たちは不安になる。そのとき、気持ちに「つっかえ棒」が欲しくなる。癖がつっかえ棒の役割を果たすことがある。

事務職員で、窓口業務をやっているY氏は、ネクタイを手でこする癖がある。ゆっくりではない。上下にピストン運動のようにこするのである。

Y氏のネクタイは、みんな毛羽立っている。おそらく、人よりたくさん替えを持っていると思われるが、ものすごい勢いで毛羽立っていくのである。

窓口に来る人はみな、Y氏の癖が気になるはずである。Y氏の顔より、思わずネクタイを見てしまい、その仕草が気になってしまう。

私の見立てでは、Y氏は人と接するのが苦手なのである。だから事務職を選んだ。だが、その職場では時々窓口で人と接することがある。

そこで、人と接するときには、現実逃避のツールが必要になる。その時間だけ必死にネクタイをこすっていれば、人と接するストレスが軽減されるのである。ネクタイこすりは、心の支えとして生まれたのである。

Y氏の癖は十分に心の支えにはなっており、彼の役には立っている。

だが、一方で「変な人」という評価はつきまとってしまう。

実際に、「あの人の癖、変わっているよね」という声を何度も聞いたことがある。

もちろん、「仕事の評価」が下がるわけではないから、それが理由で出世ができないというほどのこともないだろうが、上司から見て、「何とかならないか」と思われる癖であれば、出世は微妙なところである。

心の支えになっているというプラスの効果と、「変な人だよね」というマイナスの効果を考え合わせると、Y氏は単純に、その癖によって得をしているとはいえない。

心の支えが必要なら、できればカウンターの下に手を持っていき、来客の死角になる場所で、音の出ない範囲で手遊びをすればよいと思う。

もちろん、Y氏は自分が最も落ち着くから、ネクタイこすりにたどり着いたのである。その代替行為は、簡単には手に入らないだろう。

しかし、Y氏が「心の支え」と「変な人」という評価を天秤にかけて、後者を捨てたいと思うのなら、ネクタイこすりに代わる行為を探すべきである。

ネクタイに伸ばそうとしていた手を、何とかこらえて、目立たない動きに変換することができれば、マイナス面を取り除ける可能性は高い。

快感が癖を生む

癖が生まれるもう一つの要因は快感である。つまり、人は気持ちのいいことはついついやりたくなるのだ。

20歳以下の若い男性には、「ペン回し」が癖になっている人が多い。最初は、先輩や友人がやっているのを見て、かっこいいと思ったから、自分もやりたくなったのだろう。最初は何度やっても、うまくいかない。ペンを床に落としてしまう。ところが、やがて練習の成果が出て、ペンは鮮やかに指の間を舞い始める。困難を克服するのだから、達成感がある。達成感はすなわち快感である。気持ちがいいから、より高度なペン回しに挑戦することになる。

勉強でもスポーツでも、何かに打ち込んで上達していくときは、快感がともなうものである。

癖も同じである。ペン回しも、上級者のアクロバティックな技を見ていると、たいしたものだなと感心する。

一方で、そんなに努力するのなら、もっと実になることをやればいいのにとも思う。とはいえ、上達しても、社会の役に立たないような技だから、「癖」と私たちは呼ぶのである。

ペン回しは、本人にとっては快感である。だが、面と向かう相手には、不快感を与えることもある。

おそらく中年以上の人は、目の前で話す相手が、ペンをくるくると回していたら、気になるはずである。人の視覚は、動くものに反応するので、相手の顔よりも、手元に目がいってしまうことがある。

加えて、会話には一定のリズムがあり、ペンの回転が話のリズムを壊す場合がある。話のリズムを壊してしまうのだから、「空気が読めないヤツ」と評価されることもある。

若くて仕事のできる人が、目上の人の前でペン回しをしたとする。本人にその気はなくても、「生意気」に見えるはずである。

さらに、ガムをかみながらペン回しをしていると、それだけで十分に「嫌なヤツ」である。

若くて仕事のできない人が、ペン回しを上手にしたとする。「こいつ仕事はできないのに、こういうことだけは一人前だ」と思われてしまう。ペンを回し損なって、度々床に落としたとしよう。「仕事もできない上に、ペン回しもできない」というかわいそうな評価になりかねない。

本人にとっては快感なのだが、癖は知らず知らずのうちに、周りからの評価を下げていることがあることを心得るべきである。

“平均値”を超えると癖になる

ビートたけしさんが若い頃、しゃべりの間に、時々首をかしげ、同時に肩を上げる仕草をよくやった。おそらく、リズムをとりながら、リラックスするためにやられたのであろう。

実は、リラックスしたいときに、あんな感じで首をちょっちょっと動かす人はたくさんいる。また、緊張をほぐしたいときに、肩をちょっちょっと上げるのは、私もやる。

プロ野球の試合でも、投手がピンチになったとき、捕手が駆け寄って、両肩を上下させる仕草はよく見かける。自分だけで頑張りすぎないように、肩の緊張をほぐそうぜ、という意味である。だから、首をかしげる仕草、肩を上下させる動きそのものは、癖とはいわない。

ビートたけしさんは、多くの人が〝普通〟と考える〝平均値〟より、ちょっと多いな、と感じさせるのである。

癖は本人にとっては、何の問題もない。他人が「平均値を上回っている」と感じた瞬間に、癖になるのだ。

私は若い頃に、漫才やコントの台本を書いていた。当時ベテランの芸人さんに、デビューしたばかりのたけしさんが、神経質だったと聞いた。首をかしげる仕草は、人前に出るとき、心の支えが欲しくて癖になったのではないかと思った。

今では、たけしさんは芸人の枠には収まっていない。小説も書けば映画も監督する。独創的な絵も描く。アンテナがたくさんあって、人一倍感受性が豊かな人であることは誰もが知っている。

豊かな内面がありながら、人前に出て、ばかなことをいうためには、鎧《よろい》が必要だったのではなかろうか。たけしさんの首をかしげる仕草は、鎧の働きを持っていたように思えてならない。

癖は本人でなく他人の問題

癖は、心の支えであったり、快感であったり、鎧であったりする、と書いてきた。

本人は、それをやっている方が、〝楽〟なのである。

この世にその人一人しかいなければ、癖は何の問題もない。

他人がいて、それを「迷惑」「変」「ちょっとねえ」と受け止められて、初めて問題となる。

癖は、本人の問題ではなく、つまるところ、他人の問題なのである。

自分ではなく、他人が〝癖〟と感じた瞬間に、〝癖〟になるのである。

もちろん、癖には自覚している部分もある。だが、自覚している分には、あまり問題ではないのだ。

ところで、なぜ癖が心理学で真剣に扱われないのか、不思議に思わないだろうか。

理由はとてもシンプルだ。本人にとって不都合ではないから、心療内科医や臨床心理士に相談する必要がないのである。

一方で、医者や臨床心理士はもっと切実な問題をたくさん抱えているから、患者や社会が要請しないものにまで手が回らないのである。

人は自分が困っていれば医者に行く。だが、他人に対し、「あなたの癖は周囲に迷惑をかけているから、それを直すために心療内科に行きなさい」とはいいにくい。

もちろん、すべての癖が、人に迷惑をかけているわけではない。

だが、一方で、「彼の癖が耐えられない」「彼がいるならこれ以上会社にいられない」と人に思わせているレベルのものもある。

癖ではないが、次の話は癖の問題を考えるために役に立つと思う。

癖は他人にとって拷問になりうる

忘れられない光景がある。それは恐ろしく空いた電車だった。一つの車両に乗っているのは、私を含めて3人。私以外の乗客の一人は、50代後半のガラの悪そうな中年男性。もう一人は、品のいい和服を着ている中年の婦人。婦人はお金持ちでいい暮らしをしているふうに見えた。2人は向かい合って座っていた。

すると突然、品のいい婦人がハンドバッグからツメ切りを取り出して、ツメを切り始めたのである。キチッ、キチッというツメを切るときのキーの高い音は、気持ちのいいものではない。だから、公衆の面前《めんぜん》でやるものではない。

電車の中でのツメ切りは、少なくともその場では、品がいいとはいえない。同乗者が、それほど身なりのよくない私と、ガラの悪そうな中年男性だけだったから、安心したのであろう。

彼女は、しばらくツメを切っていた。

だが、ある瞬間、中年男性が、突然立ち上がり、「おばさん、パチパチやるのは、いい加減にやめてよ！」と、震《ふる》えながら怒鳴《どな》ったのである。

彼は我慢に我慢を重ねて、耐え切れずに怒鳴ったのである。そんな感じの追い詰められ方だった。

婦人に自覚はなかったが、少なくとも中年男性にとって、その音は〝拷問〟に近い仕打ちだった。

品のいい、おそらく倫理観の高い生活をしている婦人が、普段は安酒を飲んでは居酒屋で暴言を吐いていそうな感じの中年男性に拷問を与えていたのである。どう贔屓目《ひいきめ》に見ても、精神的に追い詰めていたのである。

ちょっとショッキングな光景だった。

迷惑をかける、かけられる、にはこういう関係もある。

普段は倫理観の高い人が、おそらく倫理観が低いだろうと察せられる人に、多大なる迷惑をかけていることもある。

ツメ切りは癖ではないが、癖の種類によっては、他人を追い詰めているものもあるのだ。

こういう事例もある。

ある会社に70歳の相談役がいる。若い社員から見れば、仕事をしないおじいさんにすぎない。昔は会社に貢献したかもしれないが、働き盛りの社員からは「何をしに会社に来るのだろう？」という存在にしか見えない。

相談役は、1日中席に座って、新聞や雑誌を読んでいるだけ。やることがなくて暇なのである。

そういう人の常なのだが、職場でよくツメを切る。

もちろん、職場でツメを切らないのが普通だから、当たり前すぎて、どんなマナー本にも、「職場でツメを切ってはいけない」とは書いていない。

マナー以前のことだから、いちいち規則として明文化されていないだけである。

若い社員にしてみれば、相談役に「音が気になるからツメを切らないでください」とはいいにくい。しかし実際は、神経に触って耐えられないという人もいる。

普段は、相談役がツメを切るのを、じっと耐えていた女性社員。しかし、あるとき、ツメが女性社員の前に飛んできた。

女性社員はぶち切れた。机の上に飛んできたツメを拾い、相談役の机の上にのせ、「ツメを切るのをやめてください」と大声でいい切った。

このエピソードの中に、癖問題の核心が潜《ひそ》んでいる。

癖は、一般的には「迷惑をかける・かけられる」の間に、第三者が納得する客観的な物的証拠がない。だから、嫌な思いをした方が、迷惑をかけた相手に抗議をする手段がない。

裁判でも、当事者の「いった」「いわない」の水掛け論は重要視されない。裁判でものをいうのは、物的証拠のみである。

一方で今回、女性社員にはツメという物的証拠があったから、それを心のバネにして相談役に抗議できたのである。

癖の「迷惑をかけた」「かけられた」の水掛け論の部分を、どうやって客観化するか——。物的証拠があると、話が進めやすい。

それ以来、相談役が二度と会社でツメを切らなくなったことはいうまでもない。

今回の「会社で頻繁にツメを切る」というのは、限りなく習慣に近い癖だと思うが、些細なことでも、これだけ気になる人がいることを認識する例として、覚えておいてほしい。

病院に行った方がいい癖

癖には、笑ってすませられるものと、切実なものがある。

2009年8月3日の読売新聞「人生案内」にこんな記事が載っている。長くなるが、あえてすべて引用する。

相談者の手紙は次のような内容である。

「30歳代女性。指の皮をむく癖があります。爪の周りから、ちょっとずつですが、めくっていき、第1関節の上くらいまで。

少し始めたら、つい指先に目がいき、どんどんむいてしまいます。ひと通り終わったら、1週間くらいはしないのですが、新しい皮膚になると、またやってしまいます。

やってはいけないけれど、やっているとすっきりするので、ストレス解消になっています。ただ、こういった行為は病的なのではないか、そして指に負担をかけているのではないか、と心配です。何か根深い問題があるのでしょうか。
思い返すと、小学生の頃から、この癖はあって、親に見つかり叱られたこともありました。どうしたらやめられるのでしょうか。（東京・D子）」

相談に答えているのは、心療内科医の海原純子《うみはらじゅんこ》氏である。

「指の皮をむく癖で悩んでいらっしゃるのですね。癖は、何かのきっかけで始めたことが習慣になって、しないと気分が落ち着かなくなってしまったもの。小学生の頃からとのことなので、習慣が体に染みついたようです。きっと指の皮をむいていると心が落ち着く、という状況なのでしょう。
習慣を変えるには、行動のパターンを変えることが大切です。皮をむく時間、状況に共通点はありませんか。例えば夕食が終わり、一人でテレビを見ている時に癖が始まるなど。どんな時に皮をむくかを調べることが第1ステップ。

次に、その状況を変えることで行動を修正します。つまり、夕食が終わったらテレビの前に座らずに散歩に行く、友人に電話してもらう、あるいはお風呂に入るなど、これまでと違う行動をとります。この時、なるべく長続きしそうな楽しい行動に変えることが大切です。

第3ステップとして、修正した行動を新しい習慣として体に記憶させていく。こんな方法で、新しくてよい習慣をつくってみてください」

まず、相談の方だが、本人にとっては癖と呼べるほど、軽度な問題ではないように思われる。

次に、海原氏が、「習慣を変える」手順を説いているのはわかる。

基本的には、外に意識を向ける。癖が起こりそうなときには、何か行動をする。実際に、体を動かした方がよい。それは長続きするものでなければならない。できれば楽しいことの方がよい。

だが、そんな都合のいいものは、そうそうにはない。単純で飽きないことがあれば、とりあえずそれをやる。自分の意思だけでは、癖を直すのは難しいから、周囲からも信号を送ってもらうとよい。癖が戻らないように、意識を外に外に向けるのである。それが習慣になれば、癖は直るというアドバイスである。

しかし、それで簡単に解決するなら、ほとんどの人は悩まないだろう。

回答者も、本心では、新聞の短い「人生案内」のコラムだけではいい尽くせない、と感じたはずだ。

しかし、心療内科医として、与えられたコラムの分量の中で、ベストを尽くされたのだから、海原氏にも非はない。スペースの限られた「人生案内」には、荷の重い問題なのである。

相談者の悩みは、かなり切実で、心療内科にかかって治療するべき重度な問題である。通院しても簡単には治らないだろう。

何しろ、相手は癖なのである。それも20年ほど続いた癖で、それをやめなくても、とりあえず生活に支障のないものだからだ。

ここで、気づいた人も多いだろうが、相談者が持っている癖は、自分でも困っている状態なのである。一方で、他人に迷惑をかけているというわけでもなさそうだ（仕事中にやっていれば別だが）。

こういうタイプの癖も存在するのだ。

役者の癖は〝ダメ〟出しで直る

癖は定義さえも曖昧なものだが、私のような演出家にとっては、はっきりしていることがある。それは、役者の癖は簡単に直せる、ということである。

役者は演出家のいうことを聞かないわけにはいかない。もちろん、役者と演出家の力関係もある。だが、飯の食い上げになるようなことは、役者はしないのだ。

観客にとって癖がよくないことは、役者もわかっている。自分でもわかっていることで、演出家にダメを出されれば、基本的には本番が終わるまでは確実に矯正される。

癖は強制力があれば、直るのである。それも、飯の食い上げになる、という強い条件がつくなら。

役者は、癖のない人間を〝演じる〟のである。演じているうちに、それが習い性になり、やがて癖がなくなっていく、というパターンはたくさん見てきた。

もちろん、役者と演出家の間に、信頼感があってのことである。

信頼感もないのに、強制力だけがあっても、人を変えることはできない。

もちろん役者でなくとも、癖を直す方法はある。それについては、のちほど詳しく述べていく。まずは、あなたが気になる〝他人〟の癖や、無意識に周りに迷惑をかけているかもしれない〝あなた〟の癖についてみていこう。

第2章

他人の手癖や仕草は気になる

クチャクチャと音を立てて食べる

食べるとき、クチャクチャと音を立てる人がいる。この音は咀嚼音《そしゃくおん》と呼ばれる。最近では、この癖の持ち主を「クチャラー」というらしい。そういう言葉が生まれたぐらいだから、咀嚼音を立てる人が増えているということだ。

雑誌の人生相談で「結婚したい男性がクチャクチャと食べる音が気になる。やめさせたい」という内容を読んだことがある。「そんな男性を両親に紹介するのが恥ずかしい」ということだった。他のところは申し分ないらしく、その男性は、咀嚼音だけで結婚のチャンスを失いかねない状態だったのである。

咀嚼音には、子どもの頃のしつけが関係する。親に「口を閉じて食べなさい」と注意された人は多いだろう。親のいうことを聞かなかった人が、「クチャラー」なのである。

それ以外に、咀嚼音に対する感受性が、人によって異なるとも考えられる。クチャラーは食べることに一所懸命で、自分の咀嚼音がまったく気にならないのだ。

自分のニオイは気にならなくても、他人のニオイが気になるのと同じで、自分が発す

あれっ？食欲ないの？
クチャ
クチャ
このクチャクチャどうにかならないものか…
えっ、別に…

る音には気づかないのであろう。

しかし、食べているときに、クチャクチャと音を立てるのは、品のいい行為とはいえない。

もともと食べるという行為は本能に基づくものである。〝品〟とは真逆にある行いだから、それを「音」によって際立たせる必要はないのである。

また、人間の〝性《さが》〟で、いったん他人の癖に気づくと、ものすごく気になり始める。人によっては、下品な咀嚼音が耳に入ると、「食欲がなくなる」という人もいる。

ましてや結婚するとなれば、少なくとも1日2回は食事を共にするわけだから、その度にクチャクチャの音が気になっては、ストレスで病気になるかもしれない。

当の本人が気づいておらず、まして悪いとすら思っていない癖を直すのは、至難のワザである。

とはいえ、もしあなたに心当たりがあるのならば、それで結婚のチャンスを逃しても損なので、口を閉じて食べる方がよいと肝に銘じるべし。

舌うちが多い

舌うちの音を聞いて、気にならない人はいないだろう。家族や恋人など、親しい間柄でも、舌うちをされると、気になるものだ。

不意に発せられる音だけに、余計に神経に触ってしまうとはいうものの、誰もがふとしたはずみに、出してしまう音でもある。

舌うちは、心理的なストレスが元になって出る。たとえば、車を運転しているときに、強引に割り込まれたりすると、思わず出てしまったりする。

癖は自分を守る楯《たて》と考えるなら、舌うちには他人に対する「攻撃性」も潜んでいることになる。だから、他人の舌うちの音が聞こえると、不快な気持ちになるのであろう。

パソコンのデータをうっかり消してしまったとき、大事なものを忘れてしまったとき、電車を待っていて後から来た人に割り込みされたときなどに、思わずチッと出てしまう。

舌うちをすると、一瞬「スッ」とする。ストレスを発散している気になるからである。

しかし冷静に考えれば、舌うちをしてストレスが解消されることはないのだ。

する側にとっても、聞かされる側にとっても、百害あって一利なしの癖である。このように悪い癖であることは間違いないので、舌うちの回数が増えたときには、仕事をセーブするなりして、自分に余裕を持たせる工夫をしたいものである。

仕事しながら貧乏ゆすり

貧乏ゆすりは、基本的にイライラの表れである。

私の友人に、天才的な音響家がいる。彼の目から見るとほとんどの演劇人は、能力がないと感じられるはずである。というより、有能な演劇人とたくさん仕事をしてきたために、ほとんどの演劇人が無能に見えてしまうのである。

だから、稽古場では、顔はニコニコしていても、心の中ではイライラしているはずで、その結果、貧乏ゆすりが癖になってしまったと思われる。

知り合いの編集者から、こんな話を聞いた。

編集者であるA氏は、女性社員Bさんが社長（男性）と話し出すと、貧乏ゆすりが始まるのである。社長はBさんがお気に入りなため、何時間でも自分の真後ろでキャッキャと話し続ける。

A氏はきっと心の中でつぶやいていたのだろう。

「社長ならもっとしっかり仕事をしてほしい。他の社員の目もあるのだから」

その心の叫びが貧乏ゆすりとなって、表出《ひょうしゅつ》していたのである。

A氏の貧乏ゆすりを、他の社員はみな気づいている。ところが、本人だけがその癖に気づいていない。

他の社員にしてみると、Bさんと社長の話し声も迷惑だが、A氏の貧乏ゆすりはさらに迷惑ということになる。

癖という問題は、加害者と被害者の関係を複雑にすることがある。理屈でスパッと割り切れない。ここが癖の怖さでもある。

一方で、「ほら、またA氏の癖が始まった」と社内で笑い物にもなっている。心の中が透けて見えるような癖は恥ずかしいものだ。

この場合、A氏に貧乏ゆすりを指摘したら、その癖は直るのだろうか？

あいにく、その実験はしていないらしいが、「貧乏ゆすり」が収まっても、別の癖が出てくる可能性がある。たとえば、パソコンのキーボードを叩く音がうるさくなったり、電話をガチャンと切ったり。もしかしたら、ペンを回し始めるかもしれない。

いずれにせよ、ストレスの元を絶つのが一番いいわけだが、相手が社長とあっては容易ではないだろう。

ツメをかむ

ツメをかむ癖を持っている人は多い。

大阪市立大学の調査は、10〜11歳までの約30パーセントが、この癖を持っていることを明らかにしている。14〜15歳では約20パーセントに減ってくる。成長するにつれ、段々と減ってくる。

しかし、成人でも約10パーセントがやっている。10人に一人だから、かなりの確率でやっていることになる。

たとえば、仕事ができる営業部長が、考えながらツメをかんでいたら、どう思うだろうか。

好意を持っている人であれば、「子どもっぽいところもあるのね」と思うかもしれないが、大半の人が、「部長ってそんなに幼稚だったの!?」と引いてしまうだろう。「ツメをかむ部長」という絵づらはずいぶん情けない。仕事で成果を出しても、その部長の出世は割り引いて考えるべきだ。

私も子どもの頃はツメをかんでいた。なぜ、ツメをかんでいたのか——。固い物を歯でかんだ感覚が快感だったからだ。固い物をかんで、上の歯と下の歯で貫通する感覚が気持ちよかった。

ちなみに、私が子どものとき、鉛筆の木の部分もかんでいた（心当たりのある人は多いだろう）。それも、鉛筆に歯形をつける癖があった。鉛筆の軸に使ってある木の味は、今でも覚えているが、まずかった。

それでもかんでいたのだから、かむ快感に浸っていたのである。

また、ツメは授業中、かんで食べていた（これは少数派だろう）。退屈だったからやったのである。味はおいしくないと思っていた。だが、授業中なので、かんだツメを吐くこともできず、仕方なく食べていた気がする。

子どもの間は許されても、大の大人が仕事中にツメをかんでいては、周りは興ざめするだろう。たとえ仕事のできる大人であっても、だ。

「自分はツメをかむ癖はあるが、会社ではかんでいない。家で一人でいるときだけだ」などというなかれ。

癖は無意識のうちにやっているものだから、家でツメをかんでいたら、会社でもやっていると思ってほぼ間違いない。

頻繁にため息をつく

「ため息は命を削る鉋《かんな》かな」――。ことわざなのか川柳なのかは知らないが、ため息に関しては、この言葉がすべてをいい当てている。

「はじめに」でも触れたが、いくら辛いこと、耐えがたいことがあったとはいえ、「ハアーッ」と大きなため息をつかれて、気分がよい人はいないだろう。

「ため息をつくと幸せが逃げる」ともいうが、ため息ばかりついている人の近くにいた

仕方がない、
最後の手を打つか！
ガジガジ
ツメさえかんでなければ
キマってるのになー

いと思う人はいないから、いい得て妙だと思う。

麻雀をやるときも、ため息がよく出る人がいる。自分の欲しい牌は決まっている。「持ってこい」と念を込めて、牌をつもる。だが、いい牌が来ない。ガクッとなる。「ハアーッ」とため息をついてしまう。——こういう人は永遠に弱者である。

というより、よくため息をついている人に、勝負事の強い人はいないのではあるまいか。知人に勝負事の好きな人がいない場合は、「仕事のできる人」を何人か思い浮かべてみればよい。ため息の多い人はいないはずだ。

少なくとも、ため息の多い人には活力がない。

ため息は、期待外れのときに起こる。麻雀の例で説明すると、牌の種類は34種類あり、その中で自分が欲しい牌は、局面にもよるが4～6種類程度である。仮に4種類だとすると、約12パーセントの確率である。8～9回つもって、やっと持ってくる。可能性で考えると、「つもらなくても、全然不思議ではない」のである。

期待通りの結果が出なかったときに、いちいちガクッときていては、身が持たない。

はあ〜〜〜
…ハラへった
はぁ〜
はあ〜〜
近寄るの
やめとこ…
そそくさ

欲しい牌が来なくても、動じることなく冷静に受け止めて、次の手を考えればよいのである。


ある会社に、ため息が癖になっている課長がいた。

課長になりたてのときは、たまにため息をつく程度だったらしいが、その回数は年々増え、今では1日に何十回とため息をつくという。

仕事をバリバリやっている部下にとって、上司のため息は気持ちのいいものではない。近くで「はぁーっ」とやられると、やる気を削がれるものだ。

しかもその課長は、部下に仕事を振りまくるから、仕事量が少ない上に、ミスも多い。

それなのに人一倍、ため息が多いから、周りはたまったものではない。

部下にしたら、「課長、ため息のつきすぎだと思うので、少し我慢してもらえますか」とはいいづらい。

そのうち課長は、「ため息=負のオーラ」をまとう存在になってしまったという。

そんなわけで、部下は極力課長とかかわろうとしなくなった。つまり、誰からも相手にされなくなってしまったわけである。

無理からぬことである。というより、世の常である。

課長に、仕事の相談をした後に、しょっちゅう「はぁーっ、はぁーっ」とため息をつかれては不快になるし、「そんなに憂うつになるなら、相談しないよ！」といいたくもなる。

髪をいじる

女性の中には、髪をいじる癖を持つ人が少なくない。

退屈なときに出やすい癖である。

だから、授業中に髪をいじるのが癖になっている女子学生をよく見かける。

私が観察したところ、髪の触り方に、いくつかのパターンがある。

「前髪を間断なくいじる」「髪の先を指にくるくると巻いて手遊びをする」「もみあげに当たる部分を、左右交互になでるようにいじる」「枝毛を抜く」「枝毛を裂く」等々。

大学での講義中に、枝毛を抜こうとしている学生に目がとまることがある。抜いた瞬間、学生は「スッ」とする。同時にこちらは心の中で、「痛っ」とつぶやく。

枝毛を抜く癖のある人の椅子の周りは、毛がたくさん落ちていて、床を見るとちょっと怖い。また、掃除をする人の仕事を増やしているのだから、実害もある。

「枝毛を裂く」癖は、長い髪の女性に多い。枝毛を2つに裂くというおぞましい行為だが、根元まで綺麗に裂けると、「裂けるチーズ」を裂いたときのような快感がともなうようだ。

これらの癖は、音を立てるわけではないため、周りに与える影響は少ない。しかしながら、「退屈だ」「仕事に集中していない」というメッセージを周りに伝えることになるので、極力、職場ではやらない方がいい。

ひげをいじる

ひげを生やしている男性には、「ひげをいじる」という癖がある。

髪と同じで、触り心地がよい。また、皮膚ではないから、強く触っても痛くない。手遊びに丁度よいのである。

毛がなくなるぞ…
もったいない…
ぐるぐる

「髪触り」と同様に、退屈のサインだから、職場でこの癖がたくさん出てくる人は「仕事ができない」と見て、大きくは外れない。

ひげをいじるだけではなく、ひげを抜くという癖もある。

これは結構痛いが、その痛さゆえに、〝癖〟になってしまうようだ。

ひげは毛根の部分が柔らかいため、短いものなら机の上に立ってしまう。

以前、30分ほど話をしているうちに、机の上に何本ものひげを立てている人を見たことがある。ひげを抜くのを見るのは痛々しいし、不潔だと感じた記憶がある。

夏目漱石は、鼻毛を抜く癖があったようだ。原稿用紙に鼻毛が何本も立っているものが残っているという。

文豪もアイデアがわかなくて、苦しんだのであろう。

夏目漱石ほどの文豪ならまだしも、平社員が会社で鼻毛を抜く癖を披露しては、誰も近づかなくなるだろう。注意されたし。

身ぶり手ぶりがやたら大きい

人間の視覚は、一般に動くものに瞬間的に反応するものだ。たとえば、道を歩いているときに、蜂が飛んでくると、とっさにそちらを見てしまうものである。

私たち人間も、もともとは野生の動物だった。だから、外敵から身を守るためにも、動くものには敏感に反応しなくてはならなかったはずだ。

こういうわけで、身ぶり手ぶりの大きな人は、一般に人の注目を集めたがっているといってもいいだろう。

アメリカ大統領選などの立候補者の演説は、一般に身ぶりが大きい。まだ、大統領になっていないのだから、あまり名の知られていない政治家である場合が多い。だから、聴衆やテレビの視聴者を引きつけなくてはならない。彼らには〝演出家〟がついており、テレビ受けする身ぶり手ぶりの指導がなされている。

というわけで、人前でしゃべるときには、身ぶり手ぶりを普段より大きくして人の注意を引く工夫をするべし、という一般法則ができている。

もちろん、似合う人と似合わない人がいる。仕事もできて貫禄のある人なら、ちょっとぐらい手の動きがあった方がいいという場合もある。だが、口先ばっかりの人で身ぶりが大きいと、信用できないな、という印象になってしまう。

知り合いに、話すときの手ぶりが大げさで、頻繁に手を動かすA氏がいる。話を面白くしようとして力が入りすぎているのである。それが習い性になった典型的な例であろう。

手ぶりの頻度が尋常でないから、それは癖として問題化する。

A氏の手の動きが、まずい局面をつくったことがある。

A氏は、知り合ったばかりの女友達のBさん、Bさんの女友達であるCさんの3人で呑みに行き、カウンターで3人掛けの椅子に座った。

3人掛けの椅子がちょっと不安定だった。A氏が手を動かすと、椅子が微妙に揺れる。Bさんは A氏の癖を以前から知っている。「Aさんは手ぶりが大きい癖を持っているから、こういう状況では椅子が揺れても不思議ではない」と自分なりに納得することはできる（もちろん気になるが）。

えっ、地震？
こ〜んなに大きな犬がいてさ〜
椅子がハンパなく揺れるんですけど
ダンッ

ところがCさんは、椅子がガタガタと音を立てて揺れていることに気をとられてしまう。食べることに集中できないし、ましてや話に集中できるはずもない。

BさんとCさんは、椅子の動きが気になって仕方がない。

A氏だけが気づかないのである。

本人はいい調子でしゃべっているのだが、2人の女性に「なんて鈍感な。この人と再び会うことはないな」と判断されているとは夢にも思わない。

女性2人は、「いくら話が面白くても、あれではねえ」と恋愛の対象からも外してしまう。BさんとCさんは、A氏が話した内容は何一つ覚えていない。椅子が揺れていたことだけが、唯一の〝思い出〟として残っている。

もし、意中の女性とお店のカウンターでデートをし、盛り上がったのに、それ以降、連絡がとれないことがあったとしたら、自分の身ぶり手ぶりが大げさでなかったか、振り返ってみてほしい。

腰に手を当てて話す

腰に手を当てる癖のある女性は、男に職場で負けたくないという気持ちの強い人が多いように感じる。

へりくだった気持ちのときに、腰に手を当てる人はいない。天皇陛下やアメリカ大統領と話すとき、腰に手を当てている女性をテレビで見たことはない。

私は演出家だから、女優さんに気を遣《つか》ってもらうことが多い。

年下の女優さんだと、私と話すとき、腰に手を当てることはまずない。

時々、年配の女優さんで、私と話すときに腰に手を当てる人がいる。私は「あれっ」と思う。

だが、そういう人も、よく見ていると有名で大ベテランの演出家の前では、腰に手を当ててはいない。気を遣わなくてはならない相手に対しては、癖も引っ込んでいるのである。

ビル・クリントンの浮気を叱責するヒラリー・クリントンが、腰に手を当てていれば、ビシッと〝決まる〟。もちろん、その光景はテレビが放送してくれないから、勝手な想像にすぎないが。

腰に手を当てるという癖は、大きな動作だから、やめようと思えば簡単にやめられる。「相手によって態度を使い分けている」と思われても、得なことはない。

本人に、そのつもりがないのに偉そうに見える癖は、やめた方がよい。よけいな誤解を招くだけである。

頬づえをつく

どこの職場にも、頬《ほお》に手を当て、じっと考え込む癖を持つ人がいる。

本人は、ちゃんと頭を使って考えごとをしているのだから、仕事をしている。少なくとも自分が会社に損害を与えている実感はない。

社則上は、問題のない仕草である。だから、会社の罰則にも触れないし、マナーの本にも、「頬づえをついてはいけない」とは書いていない。

しかし、傍から見ると、やる気がなさそうに見えるのである。

組織に一人でもやる気のない人がいると、周りのやる気も削がれる。だから、本人にやる気があるにもかかわらず、なさそうに見えるのは、会社全体にとっても損である。

仕事がすごくできる人で、「あの人の癖だから」と認知されていればいいのだが、それでなければ直した方がいい。

たとえば、ある会社を訪問したとしよう。そこにいる人が、全員頬に手を当てて考えごとをしているとする。あなたはどう感じるだろうか――。

「この会社はダメだな」「仕事を依頼するのをやめようか」という気になるのではないか。

本人は真剣に考えているつもりでも、他人から「やる気がない」と思われてしまうのだ。

ましてやスーツの肘の部分がテカったり、黒ずんだりしても情けないので、やめた方がよい癖であることは間違いない。

首の関節を鳴らす

物書きのご多分に洩《も》れず、私にも首の関節を鳴らす癖がある。

首を後ろにそらしてポキッと鳴らすと、疲れがスウーッととれて、血の通りがよくなった気になる。

自分がイメージした通りの音が鳴ると、よけいにスッキリする。快感だから、つい何度もやってしまう。

マッサージや鍼灸の先生によると、あまりよい癖ではないらしい。

とはいえ、肩コリの人にとって快感である以上、完全にやめることは難しい。

このポキポキ鳴らす癖、どこがいけないのか――。騒がしい場所なら何の問題もない。シーンと静まり返っているところでやると、雰囲気を壊してしまうのである。

音を出す行為だから、人の神経に触ることもある。

まず、自分がリラックスできる一方で、人に不快感を与えるというところがよろしくない。

また、人に不快感を与えているのに、当人に実感がないのもよくない。

金の貸し借りなら、目に見えるもののやり取りだから、損得が〝見える化〟されるが、音は損得を見える化できない分だけ難しい。

音に関しては、その場の空気を読んで、身を処《しょ》すほかない。

「首を鳴らす癖をやめると、コリが悪化して、仕事に支障が出る」という人がいるかもしれない。そのときは、3日だけ我慢してみよう。仕事になんら支障が出ないことがわかるはずだ。

3日がクリアできたら、次は1週間、次は1カ月と我慢をすれば、癖そのものが消えている可能性は高い。強い意志（あるいは演出家のダメ出しのような強制力）があれば、必ず直る。

だが私のように快感だから直すつもりのない人は、せめて周りに人がいる、静かな場所で鳴らさないよう配慮しよう。

考えるときに腕を組む

腕組みは、一般的にはよいマナーではない。面と向かった相手に対して、「楯」の意味を持つから、相手を遮断する働きがある。

たとえば、国会で野党が与党を追及するときに、与党の首脳部は腕を組んでいたりする。「あんたには負けないぞ」という意思表示である。

ところが、最近は公衆の面前で腕を組む政治家が減ってきた。手前みそだが、拙著『人は見た目が9割』（新潮社）の影響も少なからずあると思う。私が「腕を組む」仕草を、「弱さ」に力点を置いて論じたからである。

一般に、ベテラン演出家は、稽古場で腕を組まない。両手を、丸太を抱えるようにして、掌を太ももの上に置いておくのが「基本」である。

腕を組むと、役者に「あれ？　演出家の機嫌が悪いな。芝居がよくないのかな？」などと、よけいな気を遣わせてしまう。

余談だが、余裕のある稽古場では、演出家は余裕のある態度で臨まなくてはならない。だが、いつもいつも余裕があるわけではない。若手中心の芝居や、稽古期間が十分にとれないときもある。というより、公演においては「不足」のないときの方が珍しい。あれも足りない、これも不十分、と不安要素をいくつも抱えている。役者陣やスタッフが「ビビっている」状態のときもある。はたして、この芝居はうまくいくのだろうか、と。

そういうとき、演出家はどっしりと構えなくてはならない。俺が全責任を持つ、という態度で稽古場にいなくてはならない。こういうときは、当然、腕を組むことも多くなる。

稽古場といえども多数派が「世論（雰囲気）」をつくる。大多数が「まずい」と思えば、稽古場はそういう空気に染まってくる。

しかし、演出家が「いける。この方向で大丈夫だ」といえば、稽古場は演出家の考える方向に進んでいく。

一方、本番が近くなって、演出プランを全面的に変える必要があるときもある。演出家が「一からつくり変える」というと、役者やスタッフは、ものすごい形相で演出家をにらむ。これまでの数カ月の努力をすべて無駄にするのか、と。しかし、場合によっては、そこでひるんではならない。ひるめば、お客からの信頼というもっと大きなものを失ってしまう。

演出家は、極端にいえば、自分以外すべての人が反対意見を述べても、動じない人がなる職業なのである。

こういうときは、「腕組み」に覚悟がいる。稽古場で一番、重い覚悟をしているのは演出家である。だから、それを格好いいと思う人もいる。

プロ野球の監督では星野仙一氏や、落合博満氏は、腕組みが似合うタイプである。2人の共通点は、世論の逆風があっても、自分のスタイルを通す点である。メンタリティが強い。

試合中、自軍が劣勢で、素人の大半が「投手を交代させた方がいいのでは」と思っているときに、「俺は、この局面では絶対に投手は代えん」という態度で腕組みをしていると、かなり格好よく見える。

考えるときに腕を組む癖は、「人を選ぶ」といえる。

体のどこかを触った後、ニオイを嗅ぐ

子どもの頃に、こういう遊びが流行《はや》った。手につばをつけ、すばやくこすり合わせる。すると変なニオイがするので、「臭《くさ》い」といいながらも自分で嗅ぐのである。

「変なニオイ」といいながら、何度も繰り返す。結局、その「変なニオイ」はまんざら

でもないのである。

たとえば硫酸のニオイのように、本当に耐えられない臭さなら、「子どもの遊び」にはならない。

変なニオイではあるのだが、癖になるニオイなのである。

人間の営みの上で、あまりに生々しいことは「マナーに反する」と考えてよい。

不潔な部分のニオイを人前で嗅ぐと品がない、と感じるセンスがある。実際、社会人としてやっていくには、そのセンスは必要だといえる。

たとえば、意中の女性（または男性）がいたとする。その人が頭皮をかいた後、その指のニオイを嗅いだとしたら、どう思うだろうか。百年の恋も冷めるというものではないか。

他人の体臭でも、心地よいものと、耐えられないものがある。両者は、くっきりと分かれているわけではない。もちろん、極端な場合は別だが。

男性の体臭（特にワキガ）が耐えられないという女性がいる。一方で、体臭の強い男性が好きという女性もいる。だから一概に体臭が悪いともいえない。

しかし、煙草の吸いすぎでニコチン臭いとか、何日も入浴をさぼって体臭がきつい人もごくまれにいる。

そんなニオイを発する人と仕事をしたい人はいないから、仕事にも支障を来すだろう。

女性で香水のニオイが強すぎる人もいる。電車の中で、その人の傍に立っているだけで、ニオイが移ってしまうような香りをまとっている人もいる。

嗅覚はすぐに慣れてしまうため、麻痺がおこる。自分の香水が強いか弱いか、わからなくなってしまったのであろう。

しかし、ニオイに敏感で、特に強い香水が苦手な人にとって、満員電車での香水臭は、まさに拷問である。

鼻をかんだティッシュを見る

ニオイは数値化できない曖昧な情報である分、扱いに気をつけたい。

鼻をかんで、そのティッシュを見る人は多いのではないか。

自分の排せつ物をいったん確認しようとするのは、本能に近いものがあると思う。自分の生命維持にかかわることだからだ。

問題は、鼻水が形状も美しくないし、風邪を引いている人のそれは雑菌もたくさん入っていそうで、不潔な印象を与えることだ。

だから、他人の鼻水を見たい人はいない。

つまり、自分の鼻水は見たいが、他人のは見たくないのである。

もちろん「人が見ている前では、鼻をかんだティッシュを見てはいけない」と書いているマナー本はない。マナー以前のことだからである。

鼻をかんだティッシュを見ることは、「私」の場所ではやっていいが、「公」の場所ではやっていけないことである。実は、このあたりの心得は、社会人には必要不可欠なのである。

というのも当今、「公」と「私」の区別ができていない人が多すぎるからだ。

たとえば、電車の中でメイクをする女性が増えている。誰もとがめないが、異様な光景である。自分の部屋でやるべきことを、公衆の面前でやっているのだから。実際、彼女らは、他人に「やめてください」といわれるほど迷惑はかけていない。が、電車で隣に座っている人がいきなりメイクを始めたとき、気にならない人はいないだろう。

女性は人前に出るときに、メイクをして綺麗になろうとする。「メイクをする前」の顔は、人前に出る以前の顔のはず。女優でいうなら、楽屋にいるときの顔である。

したがって彼女たちは、電車に乗っている間は、まだ「私」の空間にいるわけだ。

電車の中でメイクをする女性は、おそらく時間を効率的に使いたいのである。

かつては家の中でやっていたメイクを電車の中でやれば、数十分の時間の節約になる。一見、合理的な発想に思われる。

しかし、「公」と「私」という大事な区別を軽視する習慣が癖になってしまったら、いつかしっぺ返しを食うのではないか。

「公」と「私」の空間の別は、時間短縮より遥かに重要なことだと認識してほしい。

やたらボディタッチをする

飲み会やパーティの席で、話しながら、やたら人の体を触っている人がいる。触られている方も微妙で、嫌だなあと感じていそうな人と、それほど嫌そうでない人がいる。

触り方のセンスがいい人と悪い人がいるともいえる。触れる人のフィーリングと合っていれば、その癖は特に問題はない。

というのも、接触はコミュニケーションの観点から見ると、「相手との距離を埋めるのによい」手段である。

同窓会などでも、懐かしい顔を見ると、男同士でも思わず抱き合ってしまうものだ。

一方、やたらと手や体を触る人は、基本的に相手を同意させようとする気持ちの強い人が多い。それ自体は悪いことではない。

また、ある程度の自信を持っている人でないと、その癖を持つことはできない。だから、自信家に多い癖ともいえる。

他方で、わざわざ触って相手の反応を確認するのだから、小心者でもある。

要は、ややこしい癖なのである。

基本的に、中年以降の男に触られてうれしい「若い女性」はあまりいないと思った方がいい。本人の想像とは裏腹に。

だから男性は、よほど自分で〝イケメン〟だと自負している人以外は、むやみやたらと女性を触らない方がいい。

また、若い頃美人だった女性は、一般に自分に自信がある。女優さんなどによくあるパターンなのだが、歳をとっても、自分では若い頃のイメージのままで、ときに馴《な》れ馴れしく人に接してくることがある。しかし、男性全員がそういったボディタッチを快く思っているわけではない。

50歳の女性は、70歳の男性にしてみれば「若い女」だが、30歳の男性から見ると「相当なおばさん」なのである。

その辺りを自覚して人と接触するようにすれば、相手に与える不快感も減るだろう。

ヤマちゃんたら冗談キツイんだから～
ん、もう!!
ハッハハハ
帰りたい

口をポカーンと開けている

口を開けていると、間が抜けて見える。本人が真剣に考えているつもりであっても、そうは見えない。

たとえば、上司から叱責されている部下が口をポカーンと開けていたら、反省しているようには見えないだろう。

しかも口をポカーンと開けていると、あまり頭がよさそうに見えない。

演劇では、発声練習の前に、呼吸の練習をやることが多い。息は鼻から吸って、口から出す。

またまた余談だが、私の指導法は、まず「吐く」ことを教える。口から息を吐いて、吐き切る。すると、自然に体は鼻から息を吸いたくなるものである。力を抜けば、自然と息が入ってくる。その空気の通り道には、鼻を使うのである。

鼻には、鼻毛がある。ちゃんと、外界のゴミが気管に入らないように工夫されている。だから、鼻から吸うのが、理にかなっている。

話を戻すと、口をポカーンと開けてしまうと、やはり口から息を吸ってしまう傾向がある。空気中のゴミを気管の中に入れてしまうのだから、それだけでもデメリットがある。

口をポカーンと開ける癖がある人は、「鼻から吸う」という自覚を持つとよい。そうすれば、自然と口は閉じるはずである。

話すときに口に手を当てる

口の中というのは粘膜だから、あまり人に見せるものでもない。粘膜は性器を連想させるので、生々しすぎるのである。

だから、大きな口を開けて笑う女性に対し、引いてしまう男性は多い。

漫画では、基本的に唇を描かない。私は少年漫画の原作を長くやっており、唇を描かない理由を自分なりに考えてみたことがある。おそらく、漫画は夢を売るものだから、唇を描くと生っぽくなってしまう。だから唇や口の中は簡略化した線で表現した方がいいのである。

少女漫画も、ほとんどがファンタジーである。漫画を読んでいる間だけは、読者はヒロインと同化したい。だから生っぽい唇は描かれない。ところが、成人向けの漫画には、唇をはっきり描いたものがある。その方が「いやらしい」と感じる読者が多いからだろう。

まず、口の中を見せるのは生々しい、という感覚がある。そこで、大口を開けて笑ったり、ご飯を食べている最中にしゃべるときは、「口に手を当てる」というマナーがある。

女性の間では、一般的に行われている行為だ。口に手を当てる仕草が、さまになっている女性は、おしとやかに見える。本人もあけっぴろげに笑うよりは、手の動作が加わることで、気持ちの支えになることもあるだろうし、歯に何かがついている場合の保険にもなる。

癖として気になるのは、それが無駄に多いときである。気持ちがマナーに囚《とら》われているうちに、本来の「しとやかさ」という感覚が忘れ去られてしまう。口元を隠す行為そのものに気をとられているのだ。本末転倒なのである。

口に手を当てる頻度が高くなると、相手も「そこまで口を隠すと不自然だよなぁ」と目障りになる。そういう女性に対し、おしとやかとは思えないし、好感も持ちづらい。

魅力的な女性は、話すとき、笑うとき、ほどよく口を隠してくれるものだ。

そういう女性に魅力を感じる、という男性は多いと思う。

「ほどよく口に手を当てるのはいいが、回数が多いと目障りになる」ということを、女性にはぜひとも知っておいてもらいたい。

パソコンを使うときに音を立てる

パソコンのキーボードを叩く音がとてもうるさい人がいる。

狭いオフィスだと、あれが耐えられないという人もいる。

私の知り合いは、隣に座っている女性のキーボードの音がうるさくて相当困っていた。

そこで思いきって、あるときその女性に伝えることにした。相手をなるべく傷つけないよう、ランチに誘って、こういってみた。

「最近、忙しいようだけど、大丈夫？　ストレスはたまってない？　パソコンを打つ音が大きいから、ストレスがたまっているんじゃないかと思って……」

あからさまに、「パソコンを打つ音がうるさい」というと、角がたつ。口調にも気を遣った。しかし、例の女性は、

「本当？　全然気づかなかった〜」

といって会話は終わり。その後、状況が改善することを祈ったが、何も変わらなかったそうだ。

私のオフィスでは、キーボードは消音タイプになっている。加えて、「キーは過不足なく叩くべし」というルールがある。

というのも、私が麻雀漫画の原作をやっていることもあり、うちのスタッフは麻雀の上級者ほど麻雀牌を音もなく捨てることができることを知っている。

牌は、強く叩きすぎても、無駄な力を使う。1回でピタッと捨てるべき場所に捨てないと、後で牌の位置を直さなくてはならなくなる。

つまり、無駄な動作をしてはいけないのだ。

そういうわけで、スタッフにもそういう考え方が浸透しているのである。

キーボードを思いっきり叩く、その心地よさがまったく理解できないわけではない。実際に「パン、パン、パーン」とリターン・キーを力強く叩くと、快感だったりする。何しろ、リターン・キーは〝ひと仕事〟終えた後に叩くから、達成感に置き換えられるのである。

ゲームセンターに行くと、いつの時代にも、叩くゲームがある。ストレス解消になるのだろう。

また、30年近く前だが、あるテレビ番組で、視聴者が何かを叩くことで、ストレス解消をするというものがあった。

そんなわけで、ストレス過多のオフィスでは、キーボードが強く叩かれる宿命にあるのだ。

しかしながら読者の中で、自分のキーボードを叩く音がうるさいのではないかと思い当たる人がいたら、要注意。周りに迷惑を被って、悩んでいる人がいる可能性は大いにある。

電話をガチャンと切る

どこの会社にも、電話をガチャンと大きな音を立てて切る人はいるだろう。

音は神経に触るし、視界に入っていなくても、耳から入ってくるから始末が悪い。

多くの人が電話をガチャンと切ることは、マナー違反だと知っている。

だが実際には、どこの会社でも起こっている。

なぜか――。人には、周囲を構っていられないほど余裕のないときがある。余裕のないときにこそ、その人の本質の部分、つまり癖が出てくる。

どんな職場にも、余裕のないときはある。月末が忙しい職場もあるし、商店ならば棚卸しの前後はどうしてもあわただしくなる。

出版関係なら校了の前後、演劇関係なら本番前はキリキリした雰囲気になる。お互い、余裕がないから、無神経な音が聞こえてくると、余計に神経に触るという悪循環が起きる。

はたして、こういう状況を解消する手立てはないのか。

私の経験をお話しする。

20代の終わり頃だったと思うが、当時勤めていた編集プロダクションの社長が短気でせっかちな人で、電話を切る音が気になって仕方がなかった。職場が狭いので、余計にうるさい。それが嫌で会社を辞める人もいた。

結局、その「ガチャン」が気にならない人、つまり自分もガチャンと電話を切る人ばかりが会社に残ってしまった。

「あんな会社は嫌だなあ」と懲《こ》りてしまい、その経験は私にとって反面教師となった。

それ以来、どんなに腹立たしい電話であっても、「ガチャン」と切ることはなくなった。

「人の振り見て我が振り直せ」である。自分が不快に感じる癖に遭遇したら、自分もそれをやることによって不快さを解消しようとするのではなく、反面教師にすることをおすすめする。

音を立ててガムをかむ

「なくて七癖」というが、S氏の癖はたった一つではないかと思えた。

S氏は仕事ができ、イケメンでもある。性格が温厚である上に謙虚でもある。人の嫌がる仕事を率先してやる。言葉遣いも丁寧である。欠点もなくはないが、総合すると、「非常によくできた人物」なのである。

当然女性に好かれる。結婚しているが、一緒に呑んでいても、S氏の近くに座りたがる女性が幾人もいる。女性が無防備に近づくのだから、「危険なニオイ」も少ないのであろう。

市民社会のお手本といってもよい。

そんなS氏の癖は、チューインガムをクチャクチャと音を立ててかむことである。

そこだけはお手本にはならない。

もちろん、節度は保たれているから、それほど不快な音ではないが、なぜそんなに音を立ててかむ必要があるのか、不思議でならない。

一般的に、ガムをクチャクチャと音を立ててかむ人は、品のない人が多い。音に鈍感なのだから、ガムだけでなく、色んな局面で粗相《そそう》が出てくるものだ。

ところが、S氏はガムをかむときの音以外はすべて完璧――。

ガムをかむこと自体は悪いことではない。口寂しいときには、煙草を吸うよりは周囲に迷惑をかけないし、健康にそれほど悪いものでもない。

だが、前述のクチャラー同様、音はしない方がいい。

周囲の人は、多少ガムをかむクチャクチャが気になっても、「それ以外が完璧だから、指摘することもないか……」と思って言及しないのだろう（私もそうだった）。こんな特異な人も世の中には存在するのだ。

座っているときに足を開く

電車に乗って座っているとき、膝《ひざ》が開いている女性が増えている。

特に最近は、「女の子は、ちゃんと膝をくっつけて座りなさい」と教える親も少ないのではあるまいか。それをしつけなくてはならない、と考えている親も、多くはないだろう。

もちろん、女性もパンツをはいているときは問題ない。ロングスカートもいい。男性が困るのは、ミニスカートのときである。ぴったり膝をつけて座っている女性ばかりではないからだ。

最近は、下着が見えなければよいという〝お約束〟のようなものが、社会全体にできているように思う。

実際に、ちょっとぐらい膝が開いていても、この開き方なら絶対に下着は見えないという幅なら、男にとっても問題はない。

だが昨今の状況は、そうではない。

男の立場からいわせてもらうと、「見えそう」なぐらいに開いているときが、一番気になる。それは、私が特別にスケベだからではない。友人に聞いてみても同意見である。

電車に乗り、対面の女性が膝を広げていると、サスペンス映画を見ているのと同じ、ハラハラドキドキの精神状態となる。「見えそう」だと、いっそ見てしまいたくなるのである。だから、気になる。

見える、見えない？
見たい…見ちゃいけない。
も〜疲れる…

本を読んでいても、なんだか落ち着かない。男性の名誉のためにいっておくと、男は普段から、女性の下着を見たいと思いながら生きているわけではない。

もちろん、見えても、たいしたことがないのはわかっている。実際に、何度も見えたことはあるし、それほどの喜びもなかった。

要は、足を開いて座ることは、男性にとっても女性にとっても何ら益をもたらさない癖なのである。

電車に乗るときは、きちんと膝をつけなさいとはいわないが、せめて、「絶対に見えない」という開き具合をキープしてもらいたいものである。

独り言をいう

私は戯曲（舞台の脚本）を書くときに、よく独り言をいう。

話し言葉はリズムが大事なので、リズムが整った言葉であるかを確認するのには、実際に声に出すのが一番いい。

話し言葉を書くときに、独り言をいうのは私ばかりではない。脚本の教則本にも、「書いた台詞《せりふ》は、実際に声に出して読んでみるとよい」と書いてあるから、実践している人も多いはずだ。

書斎で書いているときの独り言は、特に問題はない。家族から「そういう仕事の人」と思われているからだ。

オフィスでは、独り言はいけないことだと自分でもわかっている。常に数字を扱っている経理の人もいるから、余計に禁物だ。

とはいえ、癖は無意識のときに出るのであって、たまに独り言をいっているときもあるようだ。

経理の人はうるさくないのか？

彼女は、何年も勤めるうちに、私の独り言に対処する術《すべ》を編み出したようだ。

私に向かって「何か用ですか？」といったりする。「呼ばれたかと思って」などということもある。その人のパーソナリティに負う部分もあるが、いい方に嫌みがない。

そんなとき私は、独り言が多かったのだなと思い、「ごめんごめん」し謝って、減らそうという気持ちになる。

私の独り言という癖と、経理の人が注意を促す言葉が、職場のコミュニケーションになっているともいえる。


実は、独り言が問題であるケースが身近にある。

私が教える大学では、学生は主にパソコンで画像処理の作業をする。そのため教室にはパソコンがたくさん並んでいるのだが、作業をしながら独り言をいう学生がいる。

独り言をいう癖について、学生に聞いてみると「自分でも薄々気づいている。でも自分では気にならない」という。

友人に激怒されるなど、衝撃的な出来事がない限りはやめるつもりがないようだ。

無論、私が彼の独り言について質問したくらいでは、その癖は直らない。

独り言を減らすには、普段パソコンをやっていないときに、なるべく人としゃべるといい。たくさんしゃべっていると、頰の筋肉が疲れてしまうのか、不必要に独り言をいうことが少なくなるからだ。

たとえば、私は昼間演出をして、夜に戯曲を書く日がある。演出のときは、役者にダメを出すからよくしゃべる。そんな演出をした日の夜は、戯曲を書いていても、あまり独り言は出ないものだ。

会議中、体を揺らし続ける

私の古い友人Ｐ氏は、会議中ずっと体を揺らし続けていた。貧乏ゆすりではない。リズムをとりながら、上半身が指揮者のように、なだらかに揺れ続けているのである。

その癖は、Ｐ氏以外に見たことがない。

Ｐ氏は、普段は体を揺らすことがない。だから、会議中にだけ出てくる癖なのである。Ｐ氏は会社を辞めたがっていた。「仕事ができなくて、口先だけの男」という評価があり、会社でも居場所のない人だった。

「なぜＰ氏は会議中に、体を揺らすのか」――。理由を知りたくて、私は自分の家でＰ氏の動きを試してみた。実際にやってみてわかったことがある。

おそらく、P氏は頭の中で音楽の旋律を思い浮かべているのである。それも、自分が心地よい音楽を。P氏は会議中、きっと音楽を楽しんでいたのである。

つまり、「心、会議にあらず」だった。

会議の時間はP氏にとって、拷問を受けているに等しかったのであろう。だから、その時間をできるだけ楽しい時間に変えたかった。

「これはいい方法だ」と思い、私も退屈な会議で試してみた。チャイコフスキーの「白鳥の湖」のようなゆったりした曲がいいように思った。

だが、実際にやると難しい。何となくハミングもしたくなるからである。

しかし、会議の最中にハミングをするわけにはいかない。私は実践するのをやめた。

P氏は相当努力して、ハミングをせずに、脳内で音楽を再現する能力を身につけたに違いない。

ちなみに私の場合、退屈な会議中は、ノートに綺麗な字できちんとメモをとることにしている。普段は文字を乱雑に書く方だが、たまに丁寧に字を書くと気持ちがいい。

「書写」をやった感覚になれる。ぜひお試しいただきたい。

ペンを回す

第1章でも少し触れたが、ペン回しは、30年ぐらい前から始まった〝癖〟ではないかと思う。

30年ほど前に横浜で塾講師のアルバイトをやっていた頃、中学生たちがやり始めたのに気づいた。

その頃は、まだ流行りたてで、どの中学生も今のようにアクロバティックなペン回しはしていなかった。

おそらく、教室で普段使う筆記具が鉛筆からシャープペンシルに変わったことを受けて、一般化した手遊びなのである（鉛筆を回している人は見たことがない）。

大学で授業中に学生がやっているのだが、「気になるとき」と「気にならないとき」があることに気づいた。

講義科目で、私がしゃべっているときにやられると気になる。講義は、自分のリズムでしゃべっている。それに他のリズムが加わると、邪魔された感じになる。とりわけ、回し損なったペンが床に落ちると、大きな音がするので、講義がやりにくくなる。

私は、漫画専攻の学生を教えており、実技科目も持っている。学生が実際に、漫画のネーム（構図や台詞が、鉛筆で下書きのように書かれたもの）を書く授業などのときは、私はしゃべる必要はないので、自由にペン回しをやらせている。

学生もああでもないこうでもないと考えているのだから、ペンを回したくなることもあるだろう。

こうやって考えると、ペン回しをしたいときは、おおむね次の2つの精神状態のときである。退屈なときと、集中したいとき。

とはいうものの、ペン回しは〝暇つぶし〟の産物である。勉強が楽しくて仕方がないという人が、苦労してペン回しの技術を習得するはずがない。授業という楽しくない時間をどうやって〝つぶすか〟という精神が生んだ〝文化〟のはずである。

こういうわけで、授業や人の話を聞いているとき、相手にいい印象を持ってもらえる癖ではないといえる。

ただし、人が見ていないときのペン回しは、特に問題はない。というより、指先を器用に動かすことで、脳にもいい刺激を与えそうだ。加えて、アクロバティックな〝技〟を身につけると、宴会芸にも使える。

右利きの人が、左手で箸を持つ練習をすると、脳にもよい働きがあるといわれる。ということは、利き手でない方の手でペン回しを練習してみると、新たな集中力が養われる可能性があるかもしれない。

第3章

口癖は本性を表す

「ていうか」「でも」という

「ていうか」「でも」……。そういう言葉が、口癖になっている人がいる。

基本的にマイナス思考の人が多いように思う。

もちろん、本人に悪気はない。

そもそも、否定するような発言をしているつもりもないはずだ。

しかし、「ていうか」「でも」と枕詞をいった後に話す癖がついているから、相手に悪い印象しか与えられないのである。

たとえば、次のようなやりとり――。

「この料理、おいしいね」

「ていうか、先週行ったお店の味と似てるかも」

もうおわかりだろうが、この会話で「ていうか」をつける必要はない。だが、癖になっていると、つい、いってしまうのである。

「料理がおいしい」といった後に、相手に「ていうか」といわれると、一瞬、こちらは身構える。自分の「おいしい」を否定されて、いい気持ちがする人はいない。

次のような会話はどう感じるだろうか。

「この本、面白かったですよ」

「ていうか、最初はミステリーかと思ったら、ラストでは感動して泣いちゃいました」

「ていうか」をつけずに、残りの気持ちをいってもらえれば、おそらく会話は弾むだろう。しかし、最初に「ていうか」と否定的な言葉を発せられると、その会話で盛り上がることは難しい。

そんな口癖で得をすることはないから、自覚のある人は慎んだ方がよい。

「逆に」を多用する人

「逆に」という言葉を多用するBさんがいる。「逆に」という言葉を使えば、知的に見えないこともない。

Bさんは、ストーリーのわかりやすい映画を見たときに、「大衆に媚びた感じがして、逆に冷めてしまった」という。また、難解な映画を見たときに「内容を無理やり難しくした感じがして、逆に冷めてしまった」という。

こんな感じで見た映画を評するから、最初はBさんを知的な人かと思っていた。ところが、何度か話しているうちに、Bさんは話題のテレビ番組の話をしても、最近の若い人の話をしても、「逆に」という言葉を必ず出してくることに気づいた。

もちろん、自分とは異なる感性を持った人がたくさんいるのだから、世間一般にあるものが、自分に完全にフィットするはずはない。部分的に見れば、「逆に冷めた」といいたくなる要素は、多少はあるものだ。

しかし、多くの人は、自分とは異なる感性のシーンが少しはあっても、全体がおおむねよければ、「面白かった」という言葉がまず出てくるのではあるまいか。

Bさんは、自分の感覚とちょっとでも違えば、「逆に」という言葉が出てくる人なのである。

Bさんとその周辺を見ていると、どうも人間関係がうまくいっていないように思える。ちょっとでも自分が納得できないことがあると、相手と対立し、会社を移る。景気がよいときは、それでも何とかなったが、就職難の続く近年はあまり働いていないようだ。

歳をとるごとに、世界を狭めながら生きている感じだ。

本当に「逆に」といいたくなる場面で使っている人はいいが、それが口癖になってしまうと、「世界の狭い人間かもしれない」と思われてしまう。

口癖にするなら、肯定的な意味の言葉の方が、場を和ませる。

あまりいい口癖ではないが、何かにつけて「ナイス」といっている人の方が、まだいいのではあるまいか。

「逆に」という言葉は、一見、知的に見える。安易に使いたくなるから、取り扱いに注意が必要だ。相手の耳に残るほど多すぎるのはよくない。

ジャマイカのレゲエミュージシャン、ボブ・マーリーはこういっている。

「おまえの口からついてでる言葉が、おまえを生かすのだ。おまえの口からついてでる言葉が、おまえを殺すのだ」

「すみません」を連発する

「すみません」を「あいの手」のように入れてしゃべる人がいる。別に謝っているわけではない。一種のリズムのとり方にすぎない。

だがその言葉は、その人の世間に対する身の処し方を十分に表している。

というのも、「すみません」を連発する人に、居丈高《いたけだか》な人はいない。基本は低姿勢である。

その人がミスをしても、叱りにくいという雰囲気ができる。

日本人には、惻隠《そくいん》の情がある。「すみません」を連発している人に、激しく叱る人は、ちょっとおかしいと思われる。

「すみません」には、「あまり叱らないでオーラ」が含まれているのである。

「すみません」が口癖になっている人を思い浮かべてみる。私の周囲だけかもしれないが、仕事のできない人が多い。叱られないように何度も何度も自分の仕事のチェックをし、ミスを減らそうと努力している。しかし、結局自分の予測できないポカをやって、叱られているシーンをよく見かける。

また、笑顔とセットになっている人もいる。「すみません」が口癖になっていて愛想よく見えるからか、笑顔をつくるのもうまい。そういうタイプも叱りにくい。

断るまでもないが、彼らは人の上に立ちたいとも考えていない。

だが、このタイプ、仕事に慎重でミスを減らそうとしている分だけ、残業が増えてしまう。そして夜遅くまで、たった一人で働いているときには険しい顔をしていたりする。

普段から「すみません、すみません」と人に気を遣っている分、一人になったときに、疲れがどっと出るのだ。

本当はコーヒーでも買ってねぎらってやりたいが、そんなことをすれば、「すみません、すみません」とまた気を遣わせてしまう。なるべく声をかけずに、そっとしておこう。

「えー」「あのー」が口癖

話の最中に「えー」「あのー」がたくさん入る人がいる。

「そのー」や「まー」などもある。意味のない言葉たちである。

若い人の場合には、「やっぱ」「っていうか」「ちょっと」という言葉もたくさん出てくる。

そんな無意味な言葉を発しながら、次に何を話すか考えているのである。

プレゼンテーションのときなどに、そんな言葉がたくさん出てくると、聞く方はじれてくる。

無意味な言葉をたくさん使う人は、あまり頭がよさそうには見えない。

本人は、気のきいた内容をしゃべっているつもりでも、受け取る側にしてみれば、減点の方が多い。本人の気づいていないところで、評価が下がっているのである。

大学の先生には、この癖を持つ人が多い。

小中高の先生は、「教え方」の研修を受けて、しゃべりに関してのトレーニングをある程度は積んでいる。

しかし、大学の先生は、しゃべりのトレーニングをあまり積んでいない。加えて、いったん大学の先生になると、人にダメ出しをされることは極端に減る。

こういう理由で、大学の授業では、学生は「えー」「あのー」をたくさん聞かされてしまうのである。

私は役者に、こんなメソッドを勧めている。毎朝、新聞の一面にある６００字程度のコラムを音読し、それをボイスレコーダーに録音して聞くのである。

まず、自分の声がよくなる。次に、リズムよくしゃべる癖がついてくるので、無意味な言葉が減ってくる。

自分を客観的に知る方法の一つとして、非常に有効である。

「えー」「あのー」などの無意味な言葉を発する癖のある人は、ぜひ試していただきたい。

「俺はもう○歳だから」

初老の男性に多い口癖だが「俺はもう64歳だから」などと、やたらと自分の年齢をいいたがる人がいる。

彼は自分の歳を知ってほしいわけではない。こちらは、その人から何度も年齢を聞かされており、十分にわかっている。

彼は自分の年齢を言い訳にして、何かから逃げようとしているだけである。

「誰かがやらなくてはならないことを、自分はやりたくない」という、ほのめかしの一種である。

仕事の成果が出なかったときの予防線でもある。

「俺はもう○歳だから」というのは、マイナス思考の産物でもある。

人間には好不調の波があるから、プラス思考のときとマイナス思考のとき、どちらもあってよい。

ただし、自分がマイナス思考のときに、周囲を巻き込むのはよろしくない。

周囲には、「今から頑張るぞ」と思っている人もいるはずだ。そんな意欲にマイナス論者が水を差す権利はない。

一般に、入社したての若い社員はやる気に満ちている。ところが、定年を2〜3年後に控えているベテランは、会社の将来より、自分の退職金を重視するような判断をすることもある。

歳をとれば必然的に体力は落ちる。気力も衰える。それ自体は仕方がない。だが、言葉は「言霊《ことだま》」といわれるだけあって、自分にも他人にも暗示をかけることになるから、気をつけなければならない。

自営業者で、70代後半になってもバリバリ働いている人がいる。そんな人には友達もたくさんいたりするが、「俺は○歳だから」という口癖を持つ人に友達は少ないようだ。

女性の場合は「私も大台だから」という言葉をよく聞く。

30、40、50歳という区切りは自分でもこたえるのだろう。

しかし、そういう発言をして得することは何もないわけだから、いわないにこしたことはないであろう。

ここからは年齢に関する余談である。

私のいる演劇界は、基本的に女優さんは実年齢より1〜3歳若く申告されている。慣習のようなもので、目くじらを立てるほどのことでもない。

とはいえ、6歳ぐらいごまかし、サバを読んでいる年齢がスッとためらいなく出てくる人は要注意である。後から後から、人間関係のもつれなどの聞きたくない話が出てくることが多い。

6歳もサバを読むのは、いくらサバ読みが日常茶飯事の演劇界とはいえ、やりすぎである。

第4章

目は口ほどにものをいう

話していて目が合わない

仕事で会う人の中に、まったくといっていいほど、相手と目を合わせない人がいる。

全然目が合わないと、こちらは不安になる。「そういう人なのだろう」と思う一方で、「私に何か落ち度でもあるのだろうか」「私は嫌われているのだろうか」という思いも頭をよぎる。

自分のことを嫌っている人に、好意を持つ人はいないから、両者は気まずくなり、仕事でもトラブりやすくなる。

そういう人に理由を聞くと、「人見知りなので」という答えが返ってくることが多い。

要は、初対面の人には容易に心を開かないから、目も直視できないということだろう。

「人見知り」なのは性格だから、ある程度は仕方ない。初対面の人に、いきなり馴れ馴れしく饒舌《じょうぜつ》に話せといっても、無理というものである。

しかし、いくら人見知りでも、「相手の目を見て話そう」と意識し、努力すれば、ある程度は克服できるのではないか。

おそらく目を見て話せない人は、そのことを誰からも注意されないから、自ら直そうともしないまま、現在に至っているケースが大半なのだろう。

人間関係は「見た目」も大事だが、中でも「第一印象」は特に重要だ。目を見て話せないという人は、可能な範囲で努力し、その癖を克服した方が、人間関係はスムーズになるだろう。

私が監修をしたテレビ番組で、何度も見合いに失敗している被験者・H氏で実験を行った。H氏は旅館の跡取りでお金持ちである。だが、何度見合いをやってもうまくいかない。

H氏は一人のときは、前をしっかりと見ている。だが、若い女性が前にくると、相手の目を見ることができない。キョロキョロとして、相手の目どころか、顔さえじっと見られない。その実験は旅館の一室で行ったのだが、H氏は庭ばかり見ていた。

なぜ、そんな行動をしてしまうのか――。H氏は、女性に対して自信がないので、できれば避けたいのである。そんな気持ちが如実に態度に表れてしまう。

目を合わせない、というのは自信のなさをも表現してしまうのである。女性にしてみれば、相手がいくらお金を持っていて玉の輿であろうと、結婚に踏み切るには躊躇《ちゅうちょ》するだろう。

H氏は、たまたま女性にだけ弱いのであって、仕事はできるかもしれない。だが、仕事もできないのではないか、という印象を与えていることは確かだ。

目を合わせるのは、言葉を発するのと同じぐらい、コミュニケーションの基本なのである。

目を合わせるコツは、次の項で解説していこう。

目を合わせない癖を直すコツ

相手の目を見ないという癖――。実は私がそれを持っていた。

最初に入った劇団の演出家が、相手と目を合わせずに演出する人だったから、伝染したのかもしれない。もともと対人関係が得意な方ではなかったから、自然にそんな癖が身についた可能性もある。

私は20代の半ばで小さな劇団を主宰していたこともあり、一座の中には私の欠点を指摘する人はいなかった。また、肉体労働などその日限りのアルバイトを主にしていたので、仕事先でも「相手の目を見ない」ことが致命的になる局面はなかった。

しかしながら、人と目を合わせない私は、知らず知らずのうちに、自信のなさを多くの人に伝えながら生きてきたのである。ずいぶん、損をしてきたはずなのに、それに気づくことはなかった。

舞台の演出をやっているのだから、適度に相手の目を見るというアドバイスは、役者にはしてきた。その原理はわかっていたのだが、自分ではやっていなかったのだ。

人は自分のことが一番わからないのである。

私がこの癖を克服しようとしたのは、40代の前半である。私は40歳のときに、郷里の短大で教員になった。

その短大は女子学生が多かった。女子学生の多い学校で教えると、教えられることがある。少し長くなるが、私の経験をお話ししたい。

大学の廊下を歩いていて、教え子が向こうからやってくれば、挨拶を交わす。相手が「おはようございます」というと、こちらも「おはよう」と返す。

演劇の世界は、まず挨拶がきちんとできなくてはならない。稽古場に入るときは、必ず「おはようございます」という。挨拶は、一般のビジネスマンよりも遥かにきちんとしている。

演劇界で〝挨拶力〟を鍛えられた私は、学生との挨拶はちゃんとできている、と思い込んでいた。ところが——。

大学では、学生の授業評価調査をやる。教員が学生を評価するだけでなく、学生も教員の授業を〝採点〟するのである。調査票は、教員でも学生でもない、第三者が集計する。

私の授業は、おおむね問題はなかった。ある一点をのぞいて。

調査票には、学生が教員の問題点を自由に記入する欄がある。それらを箇条書きにして、どういうことが書いてあったか、各教員に報告がある。そういう意見も受け止めて授業の質を高めようという目的で行われている。

もちろん、私にもどうしてもそりの合わない学生がいて、そういう人から批判が出ることはある。しかし、私はバランスを大切にするタイプなので、目立って不満が出るほどではないと思っていた。

それなのに、いくつかの書き込みを総合してみると、私は「学生によって態度を使い分けている教員」と見られていることに気づいた。

それは教え子の中の〝世論〟に近い状態といえる。

ちょっとおかしい。私は依怙贔屓《えこひいき》の少ないタイプだと思っていたからだ。同じ大学の教員を見渡してみても、私より遥かに依怙贔屓をしていると思われる人は何人もいる。

私は学生によって態度を使い分けているつもりはない。それなのに、なぜ「態度を使い分けている」と書かれるのか。

自分の行動を冷静に分析する必要があった。授業では、そういう誤解を招くようなことはないという自信があった。問題は授業以外の場面、つまり廊下である。

私は、廊下で学生にどういう態度をとっているのか、まったく思い出せなかった。つまり無自覚だったのである。

しばらく自分で自分を観察することにした。すれ違った学生には、まんべんなく挨拶をしている。それは当然のことだ。私は何よりも挨拶が大切だと考えており、学生にも挨拶をちゃんとすることと指導している。

ところが、あるとき謎が解けた。つまり、こういうことだ。

私は、当時「週刊少年マガジン」の連載を抱えていた。アイデアが思いつかないときは、ほんの少しの空き時間でも考えごとをしている。

原稿のアイデアに詰まっているときには、〝話しかけないでオーラ〟を発しながら、うつむいて廊下を歩いていたのである。

すると、タイミングが悪いときに私に挨拶をした学生から、「普段はよく挨拶をする先生が、私が挨拶をしたときだけは無視した」と思われてしまっていたのである。

それが、ほんのたまになら〝世論〟になるほどではなかったろう。

しかし私は、しばしば締切が迫っており、余裕がない状態が少なくなかったのである。

これが〝世論〟の原因だった。

私は大学構内で一歩研究室を出たら、いっさい漫画のアイデアは考えないと、固く決めた。

学内では、学生に均等に挨拶をする「挨拶マシーン」を演じることにした。ばかみたいだが、女子学生の多い大学で教える限り、これも仕事のうちだし割り切ることにした。

その結果、翌年の授業評価には「態度を使い分けている」という意見は皆無だった。

そのとき、「挨拶は目を合わせるかどうかがポイントだ」と気づいたのだ。そんなことに気づいたのが、40歳を過ぎてからなのである。

そしてあるとき、ハッとした。私は、初対面の人と会うとき、ほとんど目を合わせずに生きてきていたことにも気づいたのである。

取り返しのつかないほどの、損失を重ねて生きてきた――!

ただし、それからは、「目を合わせない」という弱点は克服している。

というのも、私は演劇人だから、自分を変えることは難しくないことを知っている。

役者は、演じる役に合わせて、コロコロと人格を変えるものだ。紳士的な医者を演じた次の月に、暴力的な兵士を演じることもある。

人間は、気持ちさえ変えれば、立ち居振る舞いも言葉遣いも変わる。

普段、人を観察していれば、難しいことはない。自分がその時間、〝演技〟をすればよいのである。

演技は難しいと思っている人も多いだろう。

しかし、私にいわせれば、人は誰でも演技をしている役者である。

尊敬する上司に接するとき、ダメな部下を叱るとき、取引先の社長に対面するとき、飛び込みセールスを断るとき、高級レストランで食事をするとき、汚い大衆食堂で食事をするとき、駄々をこねる子どもを叱るとき、スピード違反で警官に捕まったとき……。

誰しも、おびただしい数の〝人格〟を使い分けているものだ。

人はみな、その時々で自分の役割を演じる「ロールプレイング・ゲーム」に参加しているようなものである。

目を見るのが苦手な人は、相手の目を見ようと思ってはいけない。「目を見る」人の役を演じればよいのである。

演じているうちに、やがて本当に、そうなっていくものである。

モニター症候群

話すとき目を合わせない癖は、私の例を引くまでもなく、自分で気づいていない人が多い。

というのも、自分の目の状態を確認する術がないからである。

自分の目を見る方法は鏡を使うほかないが、人と話しているときに鏡を使うわけにはいかない。

テレビを見ていると、あまりテレビ慣れしていない文化人などに、アイ・コンタクトの微妙な人がいるが、普段から気をつけていないと、目の合わせ方というのも難しいものだ。

学生と接していて思うことだが、最近は目を合わせずにしゃべる若い人たちが増えているように思う。

一方で、私が「モニター症候群」と名づけている一群がいる。

初対面の人に話しかけるのに、異常に顔を近づけてきて、それでは息が詰まるのだろうか、横を向いて、目を合わせずに話すのである。

つまり、相手と話すときに、適正な距離がとれない（わからない）のである。

理由はこうである。子どもの頃からモニター（テレビ、ゲーム、パソコン）ばかり見て育ったために、相手の目をどうやって見ればいいかが、わからないのである。

相手の目をまったく見ずに話すと、違和感があることに気づかない。人と接する時間より、モニターと接する時間が多いから、自然と身につくはずのアイ・コンタクトを習得せずに大人になってしまったのである。

また、一人っ子が増えたのも理由の一つである。以前なら、兄弟間のつき合いから、アイ・コンタクトの基本が自然に身についていたからだ。

モニターを見ている時間が長い人、一人っ子の人は、自分のアイ・コンタクト具合を、客観的に確認してみるとよい。

TPO次第で、適正なアイ・コンタクトの時間は変わる。

だから、正解があるわけではないが、誰でもテレビドラマを見たり、周囲の友人などを見ているうちに、〝適正〟な感覚は身につくものだ。自分が大幅にずれていたら、要注意である。

相手の目を凝視しすぎる

「相手の目を見て話せない」人がいる一方で、相手の話を聞いているときに、ジーッと目を見続ける人がいる。

だが、一対一で話すときは、適度に目を離してもらわないと、話しにくいものである。おそらく子どもの頃、「相手の目を見て話しなさい」という先生のアドバイスが刷り込まれ、それが癖になってしまったのだろう。

一対一で話すとき、きちんと距離感のある人が、実際に相手の黒目を見ている時間は、少なくて30パーセント程度、多い人でも60パーセント程度である。

それ以外の時間は、相手の顔の目以外の部分や、相手の後ろにある壁などをさりげなく見ているものである。

相手に対する情熱、熱意を表現したくて、目を見続けているのかもしれないが、それだと相手の息が詰まってしまうことも心にとどめておこう。

第5章 ネガティブに考える癖は嫌われる

他人と比べる癖

酒を呑んでいるときに、「俺なんかしょせん慶應卒だし」などと頻繁にグチる編集者がいた。

若い頃は、仕事のよくできる人だった。

本人は母校に誇りを持っているし、敏腕編集者時代は慶應の自慢をよくしていた。

だが人を使う能力がなくて、管理職になって伸び悩んだ。

その原因はもちろん出身校ではなくて、本人にある。ましてや人を使う能力がなくて伸び悩む人はたくさんいるから、くよくよするほどのことでもない。

だが、周囲には東大や外国の大学を出て、ばりばり働いている同世代がいて、コンプレックスの塊になってしまった。

本人は競り負けてしまったと思い込んでいる。

確かに同期入社の人の中で、勝った方とはいえないが、途中で辞めた人もたくさんいるし、それ以前に入社試験を受けて、入れなかった人もたくさんいるのである。

日本全国を見渡してみれば、劣等感を持つ理由はほとんどない。彼の年収はいいし、高級マンションにも住んでいるし。

自信を失っているから、他人より劣っている部分ばかりを見る〝癖〟がついてしまっているのである。

他人と比べて、劣等感を持っても、いいことは何一つない。

ほとんどの人は、アインシュタインより頭が悪いし、モーツァルトより音楽のセンスはないし、マリナーズのイチロー選手よりは運動神経が劣っているのである。そう考えれば気が楽だ。

自信をとり戻すには、過去の自分と比べるとよい。

それも自分が得意なものを過去と比べると、5年前より成長したという実感が持てるだろう。

たとえば私が、5年前の自分と比べて成長した部分といえば、以下の通りである。

草野球を始めて腰痛が減った。ジャズばかりではなくてクラシックも聴くようになった。魚のさばき方が上達した。カレーライスをかなりおいしくつくれるようになった、等々。

こうやって、過去の自分と今の自分を比較して、上達したと思えるものを紙に書いていくとよい。自分を褒めてやりたくなるし、自信もつくはずである。

他人と比べるのではなく、過去の自分と比べる癖をつければ、成長は加速するはずである。

批判ばかりする

演出家A氏は、人を批判ばかりしている。

批判する癖がついているとしか思えない。

彼は、自分の気に入らない役者を容赦なくこきおろす。いい方がひどいから、彼のお気に入りの役者も、なんとなく敬遠している。

当然、歳をとるごとに仕事もどんどん減っている。誰も彼を助けられない。

彼は、他の演出家が創った芝居も、すべて悪くいう。さすがに当の演出家に面と向かってはいわないが、回り回って必ず当の演出家に伝わるのである。

A氏は周囲にこういわれている。

「みんなの悪口をいって、みんなに悪口をいわれている」


A氏は演出家として、才能がないわけではない。若い時分は、チヤホヤされた時期もあった。

今でも長所はあるが、ツボがちょっと細かすぎて一般受けしにくい。伸び悩んで、そのままというタイプである。才能で勝負する世界では、特に珍しくはないことだ。

彼の中には「自分は優秀だ。だが誰も俺の実力をわかってくれない」という不満が常に渦巻いている。だから、人を批判して心理的に優位に立とうとする。そして、人に嫌われるという悪循環である。

そのことを本人が自覚するだけでも、他人に対する批判はかなり減るはずである。

読者の中に、「自分は人を批判する傾向がある」と思う人がいれば、自信のなさの裏返しなわけだから、やめた方がよいだろう。心の中の〝満たされない部分〟が膨らんでいくだけだから。

説教ばかりする

歳をとると、誰しも説教くさくなるものだが、限度を超えると他人の迷惑となる。

説教はつまるところ、相手に「自分と同じ考え方になれ」といっているようなものだからだ。

自分以外の価値観や感じ方を受け入れたくない人は、説教が多くなる。

次のエピソードは、基本的な説教癖のパターンである。

Kさん（母親）は、家族の誰かに些細な注意を始終している。機嫌が悪いときは特に頻度が高い。

そういうときは、些細な注意だけでは終わらない。

過去の過ちやミスまでも、ほじくり返して説教をし始める。「説教癖」のツボに入っていく。

ところが、過去の記憶は曖昧なものもあり、自分の妄想や思い込みであるものも混じっている。

些細な注意をされた方は、たった一つの過ちで、とめどなく説教をされるので、相手の間違いには反論をしたくなる。

Kさんは、自分の間違いまでも正当化するために、やがてはつくり話まで始める。そのつくり話が、本人の中では気持ちの高揚とともに、〝事実〟にすり替わってしまう。

やがて事実はどうでもよくなり、感情のぶつけ合いになる。

感情には、落としどころがないので、口げんかは延々と続く。

それを繰り返しているうちに、説教される方は、自然とKさんの挑発にのってしまう〝癖〟が生じてしまう。

かくして、口げんかが、永遠に繰り返されてしまう……。

家族の例でお話ししたが、どこの会社にも説教癖のあるおじさん、おばさんはいて、その人たちに注意されても、職場は何もよくならないし、問題も解決しない。

他人の説教癖を直すことはできない。挑発にのらないで「聞き流す」作戦が一番よい。挑発にのっていると、説教癖が自分にもついてくるので、反面教師とするのがよい。

私の経験では、無駄に声の大きい人は説教癖にはまりやすい。カラオケと同じで、大きな声を出すのは快感なのである。

気持ちのいいことは、ついついやってしまうものだ……。

第6章
分類しづらい癖

メールで絵文字を使いまくる

携帯メールを打つとき、多少は絵文字（にこにこマークなど）をつける。

メールでは、言語しか伝わらない。非言語コミュニケーションのいっさい入らない情報伝達のツールだから、時々誤解が生じる。

善意で励ましたつもりで打ったメールが、「怒っている」ととられるケースがある。精神状態や置かれている状況が互いに違うために、「言葉の温度差」のようなものがあるためだ。

それを避けるために、絵文字は有効だともいえる。

とはいえ、絵文字を使うときは誰しも多かれ少なかれ、抵抗感はあるはずだ（男性で年配の人は特に）。どの絵文字もいわゆる〝ベタベタ〟だからである。意味は伝わるだろうが、センスがいいとはいえない。必要最小限にとどめたいものだ。

ところが、若い人のメールには、やたらに絵文字が入っているときがある。「カラフルでかわいいな」とどんどん使っているうちに、限度を忘れて使う癖がついたのであろう。

人のメールに「ちょっと絵文字が多いのではないか」と注意をする人はあまりいないだろうから、気になっても特に指摘をすることはない。多すぎると品がないな、と思えば、自分が絵文字を使わなければ、それですむことだ。

しかしながら、あまりにキャラに合わない絵文字メールがくると、首をかしげてしまうことがある。

たとえばクールな雰囲気の女性が、絵文字をふんだんに使っていることもある。こういう場合は、いつもと違った一面を見せてくれた気もして、悪い気はしない。

だが、知人の女性がいうには、真面目そうな男性からのメールに、絵文字がこれでもかというくらい使われていると、あまりいい気持ちはしないそうだ。

その男性は、もっと打ち解けたいと思って、あえて絵文字を使ったのかもしれないが、明らかに逆効果である。

新しいツールを使うときも〝ほどほど〟を心がけたいものである。

また悩ましいのが、女性からくるメールにハートマークがついているときだ。

男性であれば、例外なく、「自分に気があるのか？」と勘違いしてしまうだろう。

しかし、女性同士のメールでも頻繁にハートマークを使っているようだ。その癖の延長で、男性にもハートマークを送ってしまうのだろう。

男性が勘違いをしてデートに誘い、あっけなく振られる可能性もある。傷つきやすい男性は要注意である。

異性をジロジロ見る

男は女を求めている。女は男を求めている。

だから、道を歩いているときも、電車の中でも、異性をチラッと見るのは、本能のなせるわざである。

そういうわけで、「チラ見」を禁じることはできない。

また、それを極端に不快に感じる人も少ないのではあるまいか。

問題は、「ジロジロと見る」ことである。「チラ見」が何秒以内で、「ジロジロ」が何秒以上と、「区切り」をつけることはできない。

しかし、「ジロジロ」見られることを相手が不快と感じれば、マナー違反なのである。というより、セクハラの一種といってもいいだろう。

他人の視線は一種の「暴力」でもある。

江戸時代に「市中引き回し」という刑罰があった。罪人を籠《かご》に入れて、町中でさらし者にするのである。

視線は「痛い」ものである。見ている相手には、気づかれるものだということを、ちゃんと自覚する必要がある。

教師という仕事が疲れるのは、人前でしゃべるから、というだけではない。人に「見られる」からでもある。「視線にさらされる」と、疲れるものなのである。見る方は疲れないが、見られる方はぐったりと疲れる。

視線に関するストレスの基準は、「見る方」ではなく、「見られる方」がつくっていると考えた方がいい。

道ですれ違ったり、たまたま電車に乗り合わせただけの人から熱い視線を浴びたからといって、「あなた、人をジロジロ見すぎですよ」などと注意する人はいない。

したがって、「チラ見」と「ジロジロ」の境界線は、自分でつくらなくてはならないのだ。

とはいえ、自分が中年になったからわかるのだが、特に中年以降の男性は、自分が思っている以上に、視線によって相手に不快感を与えているものだと心得ておこう。

ペンや箸の持ち方がヘン

筆記具や箸の持ち方がおかしいと、幼く見えるものだ。

小学生の頃なら、親に指摘されることで、直りやすいだろう。

しかしながら中学生ぐらいになると、親に注意されても直そうとしない。反抗期だし、箸の持ち方など、どうでもいいと思ってしまうからである。

「人に迷惑をかけるわけではないから、箸の持ち方ぐらいどうでもいいじゃないか」と反論する子どもには、「理屈ではない。いわれた通りにやれ」と強制的に教えるほかない。

女性の場合、20代前半ぐらいまでは、幼く見えてもそれほどヘンではない。「幼さ」は、〝萌え〟の必須要素で、男心をくすぐる部分もある。

だが、成人を迎えても箸の持ち方がぎこちないと、「ちょっとねえ」「育ちが悪いのかな……」という印象になる。

彼の両親の家に挨拶に行き、ご飯を食べるときに箸の持ち方がおかしかったら、両親の心証もよくないだろう。

男性の場合も、幼く見えて得なことは少ない。筆記具や箸の持ち方がヘンだと、普通は〝ガキっぽい〟という評価になる。

重要な案件の契約書にサインをするときに、ペンを持つ手がガキっぽかったりすると、取引先は「この人、大丈夫かな」と思いかねない。

ガキっぽさは、ガキの頃は何の問題もない。ところがいい大人がガキっぽく見えた場合、「かわいい」と好評価を与えてくれるのは、おそらく恋人だけであろう。

文字に特徴がありすぎる

筆跡で性格を判断する占いがある。

私は、専門に勉強したわけではないが、これまでの教員生活でたくさんのレポートを読んできた経験でいうと、文字にはある程度性格が出ることは確かだ。

字がうまいか下手かではなく、「書き癖」を感じさせる類のものである。

字が雑な人は、一般に性格も雑といってよい。

また、文字が几帳面な人は、性格も几帳面である。

この辺りは、誰しも心当たりがあるだろう。

気になるのは、極端な癖字である。

激しい右上がりの字を書くI君がいた。彼は役者の卵だった。どの字も極端に右上がりに書くので、漢字はどれも右上が槍のように尖っていた。読みにくいし、〝ヘン〟だと思うレベルである。

I君は極端なナルシストだった。実際はそれほどハンサムでもないが、自分ではそうだと信じている。何しろ、テーブルに鏡を置いて、自分の顔を鏡に映して見ながらご飯を食べるのである。自分の顔を見ながらご飯を食べると、よりおいしく感じるという。

最初は冗談だと思っていたが、本当であることがわかった。I君は、大スターが乗るような派手なスポーツカーに乗り、やがては一人で武道館をいっぱいにするようなスターになるといっていた。

10年以上前のことだが、I君がスターになったという話はまだ聞かない。

I君の極端な右上がりの字と、極端な性格はセットになっていたと思う。

極端に右下がりの字

極端に右下がりに文字を書く人は、あまり角を立てない控え目な人が多いように思う。

右下がりの字で、忘れられない人がいる。

女性の劇作家Jさんは、20代の頃から才能を認められた才媛で、若い時分から大学の講師をするような人である。歯に衣を着せない感じで、はっきりものをいうタイプ――。ところが、劇作家という仕事は、それだけではなかなか食べられない。フリーライターのような副業を持っていたりする。

私は、Jさんが副業で書いているフリーライターとしての生原稿を、たまたま見てしまった。

文字が右下がりだったので、ちょっと驚いた。聡明な女性がよく書きがちな、端正で、隙のなさそうな文字ではない。マイペースで生きている、ロハスという言葉が似合いそうな字だった。

Jさんには、あまり人には見せないこういう側面もあるのだ、と意外に思った。

おそらく、近くにいる人にだけは、マイペースな素顔を見せているのだろうな、と。

そして、Jさんは早世した。才能を惜しまれての死だった。若い頃から責任の重い仕事をたくさんなさったので、無理が続いたのかもしれないとも思った。

字の大きさが極端

手帳に小さい字でびっしり書く人は、几帳面なだけで、特別気にはならない。だが、原稿用紙のマス目に書く字があまりに小さい学生は気になる。字が小さい人は、シャープペンシルの字も薄いことが多い。

そういう学生は、教室でも存在感が薄い。目鼻立ちも地味だし、立ち居振る舞いも目立たない。声も総じて小さい。

小さい字は、自信のなさを表している。自己顕示欲が強すぎる学生よりは何倍もいいが、社会に出てちゃんとやっていけるのかな、と心配になる。

とはいえ、自然にそうなっているのだから、無理に自分を変えようとしなくてもいいと思う。

一方、字が極端に大きい人で、まず頭に浮かぶ人は漫画原作者の梶原一騎氏である。代表作は、『巨人の星』『あしたのジョー』『愛と誠』などで、少年漫画に「スポーツ根性もの」と呼ばれるジャンルを根づかせた巨人である。漫画の世界では、才能・私生活ともに型破りな人物として知られる。

彼は太い鉛筆を使うから、字が大きくなり、原稿用紙のマス目に字が入り切らない。400字詰め原稿用紙の縦には20のマスがあるが、平均すると、18文字ぐらいしか入っていないのではあるまいか。マスにとらわれない堂々とした文字が並んでいる。文字通り「型破り」である。

梶原氏は、漫画原作者になる前は文学青年時代もあり、その頃はきっと端正な字を書いていたのではなかろうか。

色川武大氏は純文学作家だった。彼はペンネーム・阿佐田哲也の名前で麻雀小説を始めとした娯楽小説をたくさん書いている。

娯楽小説を書くときは、文字が小さい。量産するために、文字を速く書く必要があった。

一方、色川武大の名前で書くときは、原稿用紙のマス目いっぱいに字を書いた。純文学を書くときは、急いではならないと自分を戒めるために、文字を大きくしたらしい。

字は、その人の精神を反映する「足あと」である。人となりをよく表現しているものだ。自分の姿を自分の目で見ることはできないが、書いた文字は客観的に見ることができる。

文字については、自分の字の特徴に気づいたときに、その都度、気になるところを修正していけばよいと考えている。

収集癖がある

収集癖——。これは、女性にはあまり理解されないが、男性に多い〝癖〟である。切手、瀬戸物、クレーンゲームでつかんだ景品、ゲーム用のカード、空き缶、空き瓶、文房具、ラベル……。役に立たないものを、男は集めたがる。

世の中には、役に立たないものを集めた、私設の美術館や博物館がたくさんあるが、おそらく創設者の大半は男のはずである。趣味が高じて、勢いで建ててしまった感じがする。入場者が少なくても一向に構わない。「自分の城」をつくって、自己満足したいだけなのである。

収集癖は、男の病気の一つである。だから、厳密には〝癖〟ではないかもしれない。

私は筆記具を集めている。高級品、普及品を問わず、字が書けるものなら、なんでもよい。高級品にはそれゆえの、普及品にもそれなりの、愛すべき精神のようなものを感じてしまう。見ると、とりあえず欲しくなる。本人はセーブしているつもりでも、段々と集まってしまう。筆記具を触っているとうれしい。だから、しょっちゅう触ってしまう。

集める対象は、特別に美しくなくてもよかったりする。

森永卓郎氏（経済評論家）と話したときのこと。彼のミニカー好きは有名だが、彼も美品でなくてもいいらしい。

「壊れていても、汚くてもいいんです。学生が整理を手伝いに来てくれて、落として壊れたりするのですが、それを接着剤でくっつけたのでも、いいのです」

何年か前のことだが、彼はミニカーの博物館をつくりたいらしく、スポンサーを探しているといっていた。集めたものを整理したいタイプなのであろう。

私は、ただだらしなく集めて、部屋がどんどん散らかっていくタイプである。

どちらがいいともいえない。どちらも〝正統派〟の収集癖である。

この収集癖、自分一人で生活しているうちは問題ない。

しかし、配偶者ができると、必ず非難される。というのも、女性には、ゴミの山にしか見えないからだ。実際、ゴミではないかといわれると、反論できない部分もある。

しかし、やめられない。

そもそも、やめる気はないが、やめると、もっとたちの悪い病気が出るかもしれない。そんな気さえする。

結局、大きなものを集めると、夫婦げんかのもとになるので、若い頃からなるべく小さくて、場所をとらないものを集めるのが、一番の解決策である。

結構大きめの「電車モデル」を集めていた友人がいたが、奥さんの〝攻撃〟に負けて、近年は〝小型化〟させたようだ。

外国人だったが、大きな倉庫を私有し、ビンテージ・カーをコレクションするツワモノをテレビ番組で見たことはあるが、身の丈にあった収集癖でないと、ほとんどの人は家族に許してはもらえないだろう。

女性も、男性のこの癖を直そうとはしない方がよい。病気だから直らない。時間の無駄である。なるべく、場所ふさぎにならない、小さなものに目を向けさせるように工夫すると、やめさせられることもある。

上から目線でものをいう

「上から目線」で語るのが癖になっている人がいる。

実績のあるベテラン上司が、会議の席で、「上から目線」で話すことがよくある。「俺はこれで実績を上げてきた」式の手柄話である。

当然、部下からは好かれない。

しかし、実際に立場が上で、実績も残しているのだから、「しょうがないか」と黙って聞き流しているほかない。

ちょっと気になるのは、実績のない若い社員が、テレビのコメンテーターよろしく、「上から目線」でしゃべるときである。

会社の業績が実際に上がるようなことならこちらも頷けるが、インターネットの上手な活用法みたいな、無駄に細かい知識を披露されてもなあ、と感じる。したり顔のコメンテーター口調でしゃべる人もいる。

おそらく、本人は理にかなっていることをしゃべっているつもりになっている。だから、年上の人の気分を害していることに気づかない。

というより、テレビを見ているうちに「文化人目線＝上から目線」が、世の中のスタンダードになってきており、それが自分の〝癖〟になってしまったのであろう。

もちろん、自意識が強い人が、結果をともなわせていけば、やがては出世していくのだから、そこにも問題はない。スティーブ・ジョブズやビル・ゲイツは、そうやってビッグになっていった。

若い頃は自分に夢を見る。それは大事なことだ。だが、実際に結果の出せる人は多くない。冷静に考えてみれば、そんなに簡単に〝成功者〟になれるものではない。

ということは、若いときには、不用意に「上から目線」でしゃべって、年長者を敵に回すようなことをいっても、得ではないということだ。

私は、若い人の「上から目線」は、ずいぶん悲劇を生んでいるように思う。

わざわざ自分を曲げて、年長者に好かれる必要もないが、無意識な〝癖〟で嫌われているとしたら、生き方を狭めてしまうことになりはしないか。

テレビのコメンテーターは「そういう役を演じている人」と心得て、現実世界とは切り離して考えた方がよい。

お金に目がない

関東人には関東人の特徴があり、関西人には関西人の特徴がある。

それぞれ異なる価値観を認め合いながら、つき合えばよい。

だが、関西人に関して、ちょっと気になることがある。

関西人の思考の癖ともいうべきことだが、それほど親しくない人にでも、かなりプライバシーにかかわる金額を訊ねてくることがある。

「あんた、給料なんぼもろうてんの？」

「1年間で、印税なんぼ入ったん？」

「こんなもん買《こ》うて。なんぼしたん？」

関西人、とりわけ大阪人にとっては挨拶のようなものである。それはわかっている。ケース・バイ・ケースで曖昧に答えたり、極端に大きな額や小さな額をいって、ウケを狙ったりすればよい。コミュニケーションの潤滑油のようなものである。関西人同士なら問題ない。

ところが、初対面でいきなりプライバシーに踏み込まれると、関西以外の人はちょっと困る。

というより、関西以外で育った人は、一度や二度は面食らったことがあるはずだ。関西以外の人は、初対面でいきなり生々しいお金の話はしないものだ。

ちゃんと答える必要もないが、「こんな些細なことで嘘をつくのも嫌だしなあ」とモヤモヤすることもある。

関西人の茶目っけと多弁はうらやましい特徴だが、私の周囲に聞いても、「すぐお金の話になるのはどうだろうか」という意見である。

関西人の中には関西以外の人にいきなりお金の話をして、相手を不快にさせた経験を持つ人は多いはずだ。それにもかかわらず、癖になっているのである。

どの地方出身の人にも一長一短はある。だが、「いきなりお金の話」という、関西人に多い癖に限っては、あまり他の地方には受け入れられていないように思う。

関西の方は、相手が関西人でない場合に限り、お金の話に関しては使い分けた方が得である。

「モテ仕草」は癖になる!?

女性誌の求めに応じて、「モテ仕草」についての取材はかなり受けた。

女性誌は、女性の「見た目」をよくするのが最大の使命である。ダイエット、ファッション、ヘアスタイル、メイク……。これに内面を磨く生き方、恋愛、結婚……が主な守備範囲となる。

ダイエットの「実施前」と「実施後」の写真を比べるのは、手間がかかる。本当に実験をやったら、場合によっては数カ月かかる。

その点、ファッションやメイク、ヘアスタイルなら、それぞれの専門家を呼べば、スタジオでできる。それだけでは他誌と代わり映えがしないので、私が「モテ仕草」のコーナーを担当するのである。

たとえば、椅子に座り、足に手をのせるとき。仮に、右手を上にのせるときは、左手の指が長く見えるようにのせる。すると、指が長くて綺麗に見える。これが「モテ仕草」である。

だが実際は、細くて「見せた方がよい」指を持つ人が多いかというと、それほどでもなかったりする。

たとえば、「手をクロスさせる」というモテ仕草。右側の髪のほつれを直すとき、左手を使うと、手が体の前でクロスすることになる。

それが似合う女性なら、ちょっと格好いい仕草になる。

なぜかというと、本来、手は地面と垂直に、だらんと下がっているものである。引力の法則に従うのが、自然な姿なのである。

それがクロスしていると、引力の法則から考えて、不安定になる。雄は弱いものを守る本能があり、安定しているものより、不安定なものを支えようとするから、結果的に男の気を惹くことになる――というのが解説である。

2つの例を引いたが、実際に雑誌のモデルでやってみると、モテ仕草はさまになっている。だから、ページに目新しさを加えることはできた。

だが、実際はファッションの場合と同じである。

モデルだから、服やメイクを変えるだけで、ドラマチックに変わるのだが、普通の人が服やメイクを変えすぎても、職場で浮くだけである。

私が「モテ仕草」の依頼を引き受けたのは、役者教育という下地があったからである。役者教育は、「どう見えるか」という見た目のプロが行うものである。

所作や仕草を学ぶと、その分、内面が輝いてくる。作家が文学の勉強で自分を磨くのと同じ原理である。

実際に「見た目」を磨くことで、内面が輝いてくることは多い。役者が舞台で輝いて見えるのは、そういう理由である。

モテ仕草はそれ自体がよく見えるというより、内面を輝かせるためのメソッドとして受け止めてほしかった。

しかし、男っぽい女性が、女性っぽい仕草を意識するようになって、それが習い性になり、意中の男性に告白されたというケースも聞いたことがあるから、あながち意味がないとはいえないのである。

心理学としての癖

「小学生の『癖』に関する教育心理学的考察」という兵庫教育大学の紀要に発表された論文がある（1999年）。筆者は島崎保という方で心理学者のようだ。

癖を心理的な問題の一つと考えて、小学校の児童と教師の両方に調査をした。

児童が自覚している癖、先生から見た児童の癖、また逆のケースも調べてある。着眼点は面白いと思う。

ただ、癖の概念が仕草や口癖、または無駄話や癖字など多岐にわたっており、筆者も「数値化することにも少なからず問題がある」と分析している。癖は学問的には論じにくいテーマであろうと察せられる。

私が面白いと思った調査結果がいくつかある。

教師による記載内容と児童自身の記載内容の一致を調べてあり、「女性教師の方が、男性教師より児童の癖の一致度が高い」「男性教師においては、男子児童の方が女子児童より一致度が高い」とあった。

平たくいうなら、女性教師の方がより観察力が高いし、自身の癖を知っているということだ。

また、男性教師は、女子児童より男子児童の方をより観察している。この傾向は、自分でも教壇に立っているからわかる。すべての学生を均等に見るように心がけてはいるが、女子学生からは、万が一でも「ジロジロ見ている」と思われたくない。必然的に、女子学生に対する「観察」は減ると実感している。

一般に男性は、女性の癖にそれほど興味を持っているとはいえないだろう。この辺りは、何となくわかることでもある。

ただし、サンプル数も少ないし、あくまでそういう傾向があるという程度の調査結果である。筆者も「調査人数を考慮すれば、解釈は極めて慎重でなければならない」と断っている。

癖の定義も曖昧だし、心理学者が調査をしても、「客観的データ」といえるほどでもないだろう。まだ、「こういう傾向があるようだ」という結論しか導き出せない段階だと思われる。

第7章
癖はこうすれば直る！

癖を直す方法

癖は、心の平安を求めて生まれる。癖っぽい動きや、癖っぽい話し方、どちらも「心を落ち着かせる」ために行われる。あるいは、快感がともなうため、快感を求めてやる場合もある。

通常、癖は〝無意識〟にやってしまうものである。

だから、直そうと思っても難しい。

以前、片方の口角を上げて（口を歪《ゆが》めて）しゃべる癖を持つ役者さんがいた。役者は人前に出てしゃべることが多い仕事だから、若い頃はよく〝しゃべり癖〟ができるものだ。その人は、演出家にダメを出されていくうちに、やがて直った。

癖は、「あまりよくないこと」ではあるが、「それをやっても自分は困らない」から、本気で直そうとは思わないものだ。

たとえば恋人が、自分のある癖を嫌いだとしよう。それを続けるのなら別れる、と切りだされたら、本気で直す人も多いのではないか。

いくら無意識にやるといっても、必死に直そうと思えば直るものが癖ともいえる（自分で直せないなら、癖といっても病気のレベルである）。

だから、絶対に直らない、とはいえない。

役者の場合は、演出家のダメ出しがあるから気づく。

だが普通の人は、自分で気づいて、自分で直すほかない。

実をいうと、この本を書こうと思って数年、電車の中や教室、会議などで「他人の癖」を観察し続けてきた。

自覚して観察すると、「嫌な癖だな」というのがたくさんある。日常生活の中で、他人の癖に気づくことが増えたのである。

と同時に、自分が無意識にやっている癖にも目がいくようになった。

実際に大学の授業で、よく「えー」「まあー」という無意味な言葉をよく発していた。意識するようになって、その癖がずいぶん減った。何しろ、その癖を持つ人は「頭が悪く見える」とわかってしまったからである。

また授業中、私はかなりの瞬《まばた》きをしていた。役者の瞬きには、ダメを出していたが、自分の瞬きは〝思案の外〟にしていた。だが、自分も減らした方がいいと思うようになった。

癖は、おそらく「観察」から変わっていくものである。

自分の癖を自覚するには、余裕を持つことだ。余裕がなくては、自分の癖にまで気が回らない。

職場では、仕事が最も大事なのだが、時々〝日常生活を見る目〟で周囲を見渡してみよう。他人の癖も気になるが、意外と自分もやっていることに気づく。

「人の振り見て我が振り直せ」ということわざが、すべてをいい尽くしている。

補助線を引く

「補助線を引く」では少しわかりにくいかもしれない。

数学の幾何の問題で、与えられた図だけではなかなか解決しないときに、1本線を引いてみると、問題が簡単に解けることがある。

補助線をどう引くかが、解決法のポイントだったりする。

癖を直すのに、「○○するのはやめよう」という考え方は、マイナス思考の部分がある。「やめよう」という気持ちを持つと、勢いが削がれるものだ。

そうではなくて、自分の癖が出ているときに、「何をやればよいか」を考えるとよい。それが補助線を引くということだ。

私が「えー」「まあー」という口癖を減らせたのは、「それをやめよう」と思ったからではない。「無駄口を減らして授業をやった方が、効果も高まるのではないか」と考えたからである。

しゃべる前に頭の中で、次に話す内容を整理して話し始める。すると、結果的に言葉の中に無駄が少なくなる。

瞬きにしても「やめよう」と思うと、なかなか減らない。授業中、学生の顔をしっかり見ようと思えば、自然と減ってくる。

というのも、私たちは面白い映画を見ている最中は、ほとんど瞬きをしないものだ。対象をしっかり見ているときは、瞬きをしないものだということを知っていたので、〝自分流〟の補助線を引くことができた。

ちょっとした発想の転換が、効果的なのである。

第三者の目を意識する

能の大成者・世阿弥《ぜあみ》は、『花鏡《かきょう》』の中で、「離見《りけん》の見《けん》」という舞《まい》の心得を説いている。世阿弥は、私たちが自分の目で見ている世界を「我見《がけん》」と呼んでいる。しかし、自分が見える世界は、前と左右だけである。自分が後ろから、どう見えているかはわからないものである。

そこで、自分を離れて見ている、もう一人の自分である「離見」を持ちなさいというのである。

「見所同見《けんじょどうけん》」という言葉も使っている。見所は、観客席のことである。観客と同じ心、つまり観客が求めているその気持ちになって、自分の舞で応えなさいといっている。

スターは、基本的にそうしている。たとえば、マイケル・ジャクソンやレディー・ガガ。2人に、「見所同見」という感覚があるかどうかは知らないが、世阿弥がいう内容は十分に体現している。

私たちは、そこまで難しいことを考える必要はない。

私が大切にしているのは、世阿弥の考え方で、「目前心後《もくぜんしんご》」という感覚である。

目で前を見て、心を自分の後ろに置く。後ろに置いた心で、自分の背中を「どう見えているか」イメージし、美しい背中を自分の心に見せるという気持ちでいる。

これだけなら、一瞬はできる。世阿弥のように美しくある必要はない。だが、姿勢よく立つという気持ちをつくるのに、もってこいの心得なのだ。

自分を客観的に見る習慣がないと、癖はなかなか直らない。

この「客観的に見る」というのは相当難しい。だが、「目前心後」という感覚は、癖を直すのにかなり有効である。

癖を直すってすごいこと

ずいぶん昔に、安部譲二氏（作家）から、こんな話を聞いたことがある。

安部氏は、作家になる前は、その筋の人だった。ヤクザが、組の跡目を継ぐと、人にこんなことをいわれるという。

「おまえ、ちゃんと『キズ帳』もらったか？」

「キズ帳」というのは、「癖を書いた帳面」という意味で、「癖」は「キズ」と同義語なのである。私はそれを聞いて「ハッ」とした。キズ帳とは、どういうものか——。

ヤクザの世界では、他の組と白黒つけるとき、力でぶつかるときもあるが、いつもいつも力勝負では、金も人も追いつかない。

そういうときは、「手本引き《てほんび》」というカードゲームで決める。組の命運がかかる勝負を、カードで決めるのである。

もちろん、組長同士がゲームをやったりはしない。それぞれの組から、「代打ち《だいう》（組に所属していないフリーのプロ）」を出して白黒をつける。

手本引きは、単純にいうと、親が1から6のうち、どの目を出すのかを、子が読むというゲームである。親が、どの目を出すときどういう仕草をするのか、子は必死で読む。親も、子にたやすく読まれるような癖はとっくに直している。

互いに微妙な動きを読み合い、騙し合うゲームなのである。将棋や囲碁のような技術がほとんど関係なくて、純粋な心理戦であるところに深みがある。

有能な代打ちを抱えている組が、勢力を拡大できる。手本引きに勝てるかどうかは、組の死活問題なのである。

「キズ帳」というのは、各代打ちの癖が記されている帳面なのである。精度の高いキズ帳を持っている方が勝つ。そんなわけで、組の跡目を継ぐときには、「キズ帳」も受け渡される。

キズ帳をちゃんともらっていないと、跡目がきちんとその人に継がれていることにならない。だから、キズ帳をもらったかどうかが、その世界では大事なのだ、と。

私は、その世界に詳しくないから、安部氏に聞いた話をどこまで信用してよいかわからない。安部氏は作家だから、脚色も若干はあるかもしれない。ただ、リアリティのある話で、演劇人としては興味深い。

命に近いものを賭けて闘うときに、自分の癖を直せていない方が負けるというルールに凄みを感じる。

野球もテニスもアメリカン・フットボールも、深いところでは〝勝負の綾《あや》〟は同じである。

選手の運動能力は、プロならば、ほぼ五分と五分。野球の野村克也氏の口癖は「考えて野球せい」であるが、彼のいう〝考えて〟は、相手の癖を読む力といい換えることもできる。

野球では、打者は投手の癖を盗む。テニスのレシーバーはサーバーの微妙な動きを見て、どこを狙っているかを読む。アメリカン・フットボールのディフェンスは、オフェンスの目線や足先の向きから作戦を読んだりする。

こういう観察力が結果を決めるのは、ビジネスも同じである。

流通関係でも、販売員が相手を観察する力が、売り上げを左右している。セールス・トークのうまさより、観察力の有無の方が圧倒的に重要なのである。

セルフコントロールの力

演劇に携わっていると、「自分の思い」や「自分流の頑張り」が、あまり役に立たない局面がある。

役者が、どんなに気持ちを込めて台詞をいっても、「そう見えない」ことは多い。お客にとって、「そう」見えないことには、本人の努力は意味を持たない。

私は、若い役者の卵を教えることも多い。本人がいいと思っている演技でも、一般の人には全然伝わっていないことの方が多い。

だから、演出家が必要になってくる。

プロを志望する人でさえ、そんな状態なのである。

素人の場合はどうか――。

大学には、就職試験の模擬面接の授業などをやるセクションがある。そういう教室をたまにのぞくと、自分がどう見えているか、大方の人はわかっていないことがよくわかる。

本人は一所懸命やっているのだが、見ているこちらは心の中で、「そんなにおどおどした態度では、面接試験には合格できないよ」とつぶやいてしまう。

素人は役者よりもっとわかっていないのである。

まず、「自分の癖をわかっていない」ということに気づくことが、「はじめの一歩」ということになる。

とはいえ、人にどう見えているかばかりを考えて生きたら、息が詰まるだろう。

だから、余裕のあるときだけでもよい。

自分を一歩引いた場所から見て、「こういうふうに見えているんだ」と確認するだけで、ずいぶん自分の癖に気づくものである。

なりたい自分を持つ

癖を直すのに一番いいのは、「なりたい自分」のイメージを持つことである。

補助線を引く、第三者の目を意識する、セルフコントロールの力など、例を変えてお話ししてきたが、「なりたい自分」のイメージがあるかどうかがポイントなのである。

一般に「なりたい自分」を持つというと、ビル・ゲイツのようになりたい、スティーブ・ジョブズのようになりたい、など〝業績〟を指すことが多い。

ここでいう「なりたい自分」とは、ボディ・イメージのことである。演劇の世界でよく使う言葉だが、姿勢、重心の移動、アクションをするときの「見え方」などを総合したものである。それを自分でイメージしながら演じる。

役者は、誰かの真似をしているときには、自分の癖は出ないものである。それは、「誰か」のボディ・イメージを持って、それと同じように動いているからである。

演技をするとき、「普通のことを普通にやる」のが最も難しい。

「なりたい自分」は、仕事の業績やステイタスだけでなく、ボディ・イメージに対しても持ちたいものである。

新聞の中の癖

癖は、今まであまり論じられることがなかった。

世間話では癖の話が出てきても、きちんとした話の中には、出てこないような気もする。過去の新聞記事を「癖」「クセ」で検索してみた（読売新聞）。

過去12年間のうち、癖がまともに記事になったのは、わずか21回しかない。1年に2回もないのである。東京本社版だけでなく、全国の記事を検索した結果である。

記事を読みながら、私が思い至ったことは――。現代人は、「大事ではあるが合理的にスパッと解決しないことは、『目をつぶることにしよう』あるいは『ないことにしよう』と無意識に思っているのではないか」ということである。

21件のうち、「人生案内」――人生相談のこと――が9件を占める。半分近くは、人生相談で取り上げられるようなことなのである。

ちなみに、全国紙のうち、人生相談が長い期間載っているのは読売新聞だけである。人生相談というのは、普通の人が自分で考えて解決できるようなことは、読者も投書しないものだ。「そりゃあ、仕方がないだろう」とか「人によって、答えはさまざまだよなあ」と思えるような話が主である。

人生案内以外に、読者からの相談ごとが4件。記者や専門家が答えているが、基本は人生案内と同じと考えてよい。

医療関係が2件。投書が2件。こちらも、相談ごとや悩みに近い。

普通の記事（報道というほど大げさな内容でもない）が4件。これですべてである。

癖は全国紙で〝報じられる〟ようなことではなかったのである。

人生案内の中の癖

人生案内で扱われた癖は、次の9つである。

「指の皮むく癖 直らない」。この投書は第1章で取り上げたが、心療内科医の海原純子氏が答えている。

「酒癖悪い夫、もう疲れた」。回答者は、弁護士の土肥幸代氏。

「わがままで浪費癖ある兄」。回答者は、作家の久田恵氏。

「まゆげ抜く癖 直らない」。回答者は、精神科医の浅井昌弘氏。

「盗癖で問題起こす兄嫁」。回答者は、弁護士の鍛冶千鶴子氏。

「万引きの悪い癖 やめるには」。回答者は、精神科医の保崎秀夫氏。

「思い出し笑い我慢できない」。回答者は、三木善彦大阪大名誉教授。精神科医の立場からの回答である。これは楽しそうで、少しうらやましい。

「70歳の父に万引き癖」。回答者は、三木氏。

「万引き癖ある自分が怖い」。回答者は、作家の落合恵子氏。

各回答者、知恵を尽くして答えていらっしゃるが、やはりその回答を読んで、スッと問題が解決したという人は、あまりいないのではなかろうか。

基本的には、精神科医の領域のようでもあるが、癖と呼ばれる状態をたちどころに治療できる医師はいないように思う。

とりわけ、自分以外の人の癖は、どうしようもないことである。

もちろん、人生案内というのはアドバイスだし、投書した方には、ある程度の気休めがあれば、それでも十分役に立っているとは思う。


人生案内以外の相談ごとは、以下の通りである。

「親の財布からお金を盗みます。(小6男子の母)」。これも盗癖の悩み。

「子どもの癖　自然に直すには?　よく遊ばせて、心和らげて」。回答者は心理学者。子どもの癖には、ストレスが原因になっているものが多く、外遊びなどで気分転換をさせてみては、という提案である。

「つめをかむ癖続く小6の娘」。回答者は、エッセイストの高橋章子氏。緊張やストレスが原因かもしれないという理由を考えて、「子どもがつめをかむのも忘れて夢中になれるものを、一緒に見つけてあげては？」という提案をしてある。

「しかられると自分の腕を傷つける癖」。回答者は、精神科医。自分の腕をカッターで傷つけてしまうという相談だから、精神科医にも「こうすればよい」という答えが出せるようなものでもないと思う。


医療に関する癖は、次の2つである。

「顎関節症《がくかんせつしょう》　頰づえの癖で骨変形」。歯やあごに不自然な力が加わる癖を「態癖《たいへき》」と呼ぶらしい。歯科医が、顎関節症の原因の一つとして、「頰づえ」を挙げている。頰づえも、あごにとっては悪影響を及ぼすこともあり、それが病気の原因にもなるという。

「顎関節症　食いしばる癖、アゴに負担」。歯を食いしばる癖があると、あごには負担がかかるのだから、顎関節症になる可能性があるだろう。歯科医は、「残念ながら、確実な治療法はない」と答えている。

医師にとっても、難しい問題なのである。

癖が勝負を決する

新聞記事の中で、私が「いいなあ」と思えるものは次の一つである。

２０００年４月19日のスポーツ面。「工藤を崩した重盗　阪神・伊原コーチが癖見抜き奇襲／対巨人４回戦」。

工藤とは、巨人以前に西武ライオンズにいた工藤公康投手。

伊原コーチも同じく、阪神に行く以前に西武ライオンズでコーチをやっていたことがある。伊原コーチは、相手投手の癖を盗むことで有名だった。工藤投手にけん制するときの癖があり、それを利用して奇襲作戦を成功させたという「ニュース」である。

実際、相手選手の癖を見抜いて、実戦に利用している選手はたくさんいるはずである。

盗塁のうまい選手は、投手の癖をたくさん知っている。

また、ある投手をカモにしている打者は、投げ方の癖を見抜いていることもある。

しかし、商売道具をペラペラしゃべるようなプロはあまりいないはずだから、マスコミが報道することはないだろう。

また、癖といっても、言葉で表現できるような大きな動きなら、自軍のコーチが注意を与えているはずである。0コンマ何秒という一瞬に、微妙に肩の角度が違うというようなものである。

新聞記事の中に出てくる工藤投手の癖は、おそらくそれまで巨人のコーチにはわかっていなかったのである。

プロでさえ、気づかないことなのだから、ハイビジョンの映像を使っても、素人にはわからないことの方が多いだろう。

癖について、縷々《るる》お話ししてきた。

当然のことだが、癖は論理ではない。

たとえば、ある女性の頰づえは、無気力に見える。ところが、別の女性の頰づえはセクシーに見える。

同じ癖が、相手に好感を持たれたり、不快感を与えたりするのだから、単純に直せばよいというものでもない。

とはいえ、家庭や職場で、人間関係にマイナスを生じさせている部分は、できるだけ減らすべきだと思う。

法律でも社則でも、決められていない部分に、社会を動かしている大きな要因はたくさんある。

癖も、その一つである。

癖は、仕草や口癖といった〝事象〟ではあるが、実はそれを引き起こしている不安や快感などの、「心」の問題でもある。

自分の癖に気づくというのは、自分の心の問題に目を向けるということでもある。

瑣末《さまつ》なことのように思えて、実は私たち人間の本質的なことに目を向ける端緒を手に入れることにもつながるのである。

おわりに

「見てわからんもんは、いうてもわからん」――。

関西出身の臨床心理士に教えてもらった言葉である。祖母の口癖だったという。

生き方の「お手本」や「悪い見本」は、周囲にいくらでも転がっている。自分の目で見て、自分で学びなさい、学ぶ気のない人には、言葉で教えても無駄だ、という意味である。

私たちの目には、人間の行動のすべてが映っている。

「この人の仕草は美しいなあ」「立ち居振る舞いがさまになっているなあ」「こういうしゃべり方をすると品がなく見えるな」「嫌な癖だな」……。

私たちは、子どもの頃から「こうなりたい」という人も、「こういうことはしたくない」という人も、膨大に見てきている。

「人の振り見て我が振り直せ」だから、周囲を見るだけで、悪い癖は自然と直ってもよいはずである。

ところが、実際はそうならない――。


本書でお話ししてきた癖は、本来なら〝当たり前に直すべきこと〟のはずだ。

ところが、社会のルール（法律や社則など）のすき間で、人間関係の大きな障害になっている場合がある。

癖などの非言語情報は、理屈では片づかない問題でもある。

理屈なら、言葉で解説することができる。

だが、理屈ではないことを人に指摘すると、感情を逆なでることがある。感情をこじらせると、本来なら解決することまでこじれてしまう。

感情は、理屈とはまったく異なる基準で動いているのである。

だから、冒頭の言葉は次のようにいい換えることもできる。

「自分の目で見てわからない人に、言葉で説明すると、感情を逆なですることがある。だから、いわない方が身のためだ」

とはいえ、我慢ばかりして生きることはできない。

こういう場合は、こんな具合に解決すれば、よりスムーズにいくのではないか、と私なりの提案を本書でしてみた。

具体的な方法は、ケース・バイ・ケースで変わってくるはずだが、基本のラインは押さえたつもりである。

現代社会を生きる上での「大切な知恵」、また日本社会が抱える根本的なことがらを考える手がかりを記したつもりでいる。

とはいえ、難しく考えることはない。相手は理屈ではない。癖である。その気になれば変えられる。「読んだ日が吉日」とばかりに、すぐに役立てていただけるとうれしい。

二〇一二年三月

竹内　一郎

幻冬舎新書 257

その癖、嫌われます

二〇一二年三月三十日　第一刷発行

著者　竹内一郎

発行人　見城　徹

編集人　志儀保博

発行所　株式会社　幻冬舎

〒一五一-〇〇五一　東京都渋谷区千駄ヶ谷四-九-七
電話　〇三-五四一一-六二一一(編集)
〇三-五四一一-六二二二(営業)
振替　〇〇一二〇-八-七六七六四三

ブックデザイン　鈴木成一デザイン室

印刷・製本所　中央精版印刷株式会社

検印廃止

Printed in Japan　ISBN978-4-344-98258-1 C0295
た-12-1

幻冬舎ホームページアドレス http://www.gentosha.co.jp/
＊この本に関するご意見・ご感想をメールでお寄せいただく場合は、comment@gentosha.co.jp まで。